J.B. Lippincott and Co

Philadelphia und seine Umgebung

J.B. Lippincott and Co

Philadelphia und seine Umgebung

ISBN/EAN: 9783743338944

Hergestellt in Europa, USA, Kanada, Australien, Japan

Cover: Foto ©Andreas Hilbeck / pixelio.de

Manufactured and distributed by brebook publishing software (www.brebook.com)

J.B. Lippincott and Co

Philadelphia und seine Umgebung

HORSTMANN BROTHERS & CO.

Fünfte und Cherry Str., Philadelphia.

Fabrikanten und Importeurs von

Militair-Effecten, Vereins-Regalien, Kirchen- und Theater-Effecten, Bannern, Flaggen, Dekorationen, Abzeichen

für

Centennial-Festlichkeiten.

Etablirt 1815.

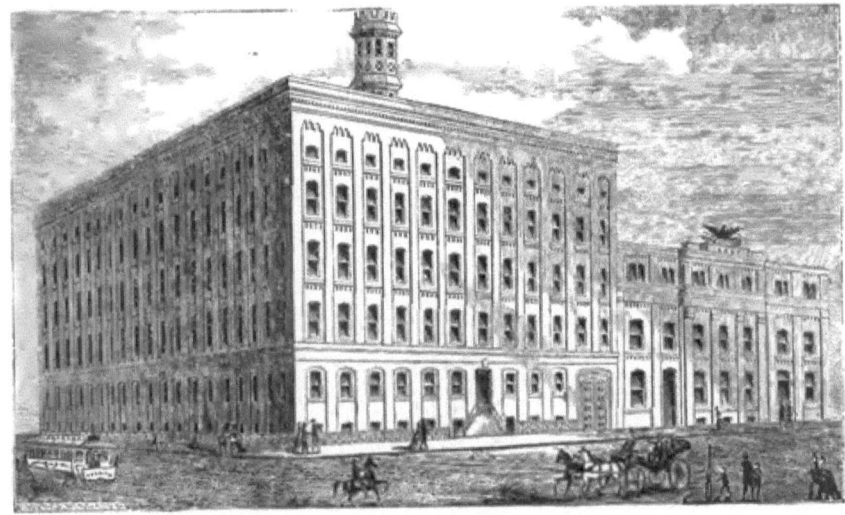

Seidene „Bunting" und Muslin-Flaggen.

Vorräthig, und auf Bestellung angefertigt.

Ferner Bannerseide, Bunting, Flaggenstangen, Adler, Ornamente, Kugeln,

Schnüre und Quasten, Fransen, Futterale, Gürtel.

Und alle Artikel, die zum Montiren von Flaggen und Bannern gebraucht werden,

An Wiederverkäufer geliefert.

☞ Bestellungen und Anfragen per Post prompt erledigt.

Horstmann Brothers & Co., Philadelphia.

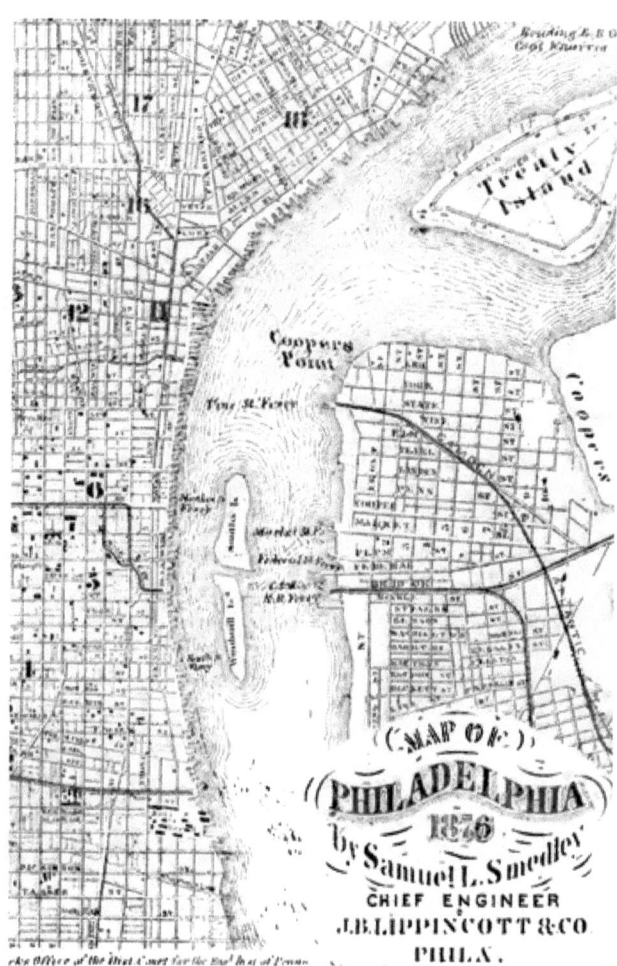

Philadelphia und seine Umgebung.

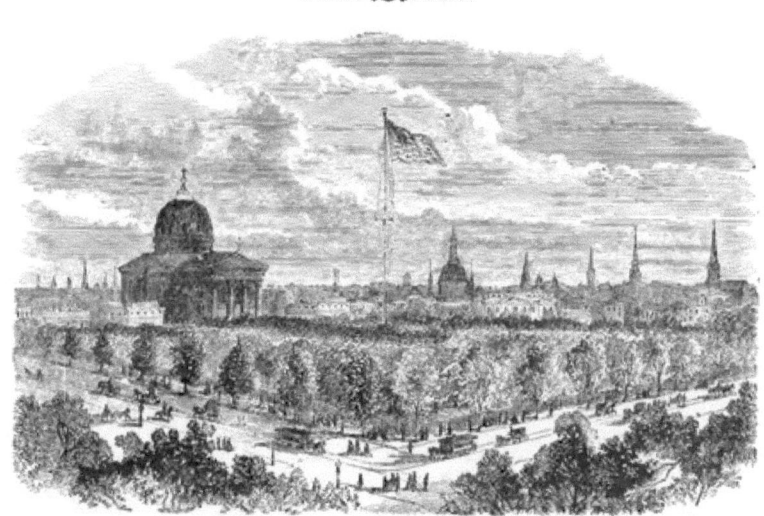

Philadelphia vom Logan Square aus gesehen.

Philadelphia, die große Metropole des Staates Pennsylvanien, in Bezug der Bevölkerung die zweite, an Umfang, Häuserzahl und industrieller Thätigkeit aber die erste Stadt auf dem amerikanischen Continente, wurde ums Jahr 1682 von William Penn gegründet.

Die Oertlichkeit zur Anlage der Stadt wurde von ihm, wie er selbst sagt, wegen der besonders günstigen topographischen Beschaffenheit, welche dieselbe einem solchen Unternehmen bot, gewählt. Das Land war hoch gelegen, hatte zahlreiche Buchten, Docks, Quellen u. s. w., deren Spuren man heutigen Tages freilich vergebens suchen würde.

Die Indianer nannten den Platz „Co-a-que-na-que" oder „Coaquanock."

Zur Zeit der Gründung war das betreffende Stück Land eine ziemlich ebene Fläche, hoch genug gelegen, um es trocken und der Gesundheit zuträglich zu machen. Einzelne Bäche durchkreuzten es, und hier und da erhoben sich Hügel, die nun aber sämmtlich längst verschwunden sind.

Der Originalplan der Stadt bildete ein Parallelogram, zwei Meilen lang, vom Delaware bis zum Schuylkill, und eine Meile breit, und enthielt neun Straßen, welche in paralleler Richtung von ersterem zu letzterem Flusse liefen, indeß einundzwanzig Straßen von Norden nach Süden laufend, die ersteren in rechten Winkeln durchschnitten. In der Mitte des Plans befand sich ein Square, zehn Acker groß, während in jedem Stadtviertel sich ein solcher von acht Acker groß befand, und zu öffentlichen Promenaden so wie athletischen und gymnastischen Uebungen bestimmt waren. Dieser Plan, insoweit er die Anlagen der Straßen betrifft, wird noch heutigen Tages unverrückt im Auge behalten.

Die Straßen von Osten nach Westen, mit Ausnahme der High (Hohe) Straße, wurden nach einheimischen Bäumen benannt, nämlich Vine, Sassafras, Mulberry, High, Chestnut, Walnut, Spruce, Pine und Cedar. Die Namen Sassafras und Mulberry sind seither in Race und Arch, High in Market, und Cedar in South Straße abgeändert.

Die von Norden nach Süden laufenden Straßen wurden von jedem der bereits erwähnten Flüsse aus nach der in der Mitte der Stadt liegenden Broad Straße numerirt, und zwar so, daß den in der westlichen Hälfte liegenden Straßen das plumpe Anhängsel „Schuylkill" beigefügt wurde, wie z. B. „Schuylkill Front," „Schuylkill Second" u. s. w. bis in ganz neuerer Zeit durch eine zeitgemäße Abänderung den Regeln des Wohlklanges gebührende Rechnung getragen wurde.

Die eigentliche Stadt beschränkte sich auf diese engen Grenzen von der Zeit ihrer Incorporation durch Penn in 1701 bis zum Jahre 1854, wo die Staatsgesetzgebung in richtiger Würdigung der Verhältnisse, die von ihren übermüthigen Kindern (den Vorstädten Kensington, Nördliche Freiheiten, West Philadelphia, Southwark u. m. a.) hart eingeengte und überfüllte Stadt mit jenen vereinigte, und den Kreis (County) Philadelphia incorporirte, mit einem Flächenraum von dreiundzwanzig Meilen Länge und fünf und einer

Madison Square.

halben Meile Breite, oder nahezu einhundert und dreißig Quadratmeilen, nebst hinlänglichem weit darüber hinausreichendem Landgebiet, um es der Stadt zu ermöglichen, sich nach Belieben weiter auszudehnen, ein Privilegium, dessen sie sich denn auch im weitesten Sinne des Wortes bedient, wie die hunderte von Bauerlaubnißscheinen, welche allmonatlich von den betreffenden Behörden ausgegeben werden, und die in Folge rasch erstehenden compacten Häusermassen in den äußern Stadttheilen auf das unwiderlegbarste beweisen.

Die eigentliche Stadt oder Altstadt, wie man sie füglich nennen könnte, mit ihren dicht gedrängten Häusern und lärmenden Straßen hat längst angefangen, und steht unablässig im Begriff sich den Anforderungen des Handels zu fügen. Derjenige Theil, welcher die ersten Häuser derselben erstehen sah,—die Frontstraße von der Walnut bis zur Arch ist, obgleich während der Geschäftsstunden das regste Leben daselbst herrscht, nach sechs Uhr Abends total verödet, und Tausende, welche während des Tages dort wogend sich hin und her drängten, genießen der Ruhe in meilenweit entfernten, bequemen, ja eleganten Wohnungen, nicht wie in New York in sogenannten Tenementhäusern, wo unter dem Drucke localer Verhältnisse oft hunderte von Menschen unter einem Dache zusammen gezwängt und zusammen gekauert leben — oft mehrere Familien in einem Zimmer.

Die vordringende Fluth des Handels und der Gewerbthätigkeit, welche sich vom Delaware aus weiter und weiter westwärts wälzt, hat bereits die Broadstraße überschritten; die Privatwohnungen verschwinden unter ihrem Andrange, und an ihre Stelle treten Geschäftslokale. Die Market Straße ist bereits von einem Flusse bis zum andern mit Geschäftsläden und Waarenhäusern aller Art besäumt; die Chestnut ist davon bis zur Fünfzehnten, und die Arch bis über die Zehnte Straße hinaus von solchen in Anspruch genommen; während eine Anzahl der viele meilenlangen nördlich und südlich führenden Straßen von einem Ende bis zum andern, ein Bild des regsamsten Lebens und Treibens bietet.

In dem Hange den Bewohnern der gewaltigen Metropole bequeme Wohnstätten zu sichern, sucht Philadelphia seine größte Ehre und seinen Stolz. Mit einer geringern Bevölkerung als New York sie aufzuweisen hat, zählt Philadelphia dennoch sechzigtausend Häuser mehr als jene Stadt. Die Aermsten unter den Armen sind kaum gezwungen in unzulänglichen Räumlichkeiten zu wohnen, und jeder Handwerker, Arbeiter oder Tagelöhner kann sich unter annehmbaren Bedingungen verhältnißmäßig leicht in den Besitz eines eigenen Hauses bringen.

Madison Square sowie St. Alban's Place an der Gray's Ferry Road bilden wahre Musterwohnungen,

Die Fontaine im Franklin Square.

und lassen erkennen was sich erreichen läßt in der Sicherung bequemer Wohnstätten für den Arbeiter. In jeder dieser Straßen stehen sich Häuser von mäßiger Größe einander gegenüber, deren innere Einrichtung, Bequemlichkeit mit einem Anstrich von Eleganz verbindet. Zwischen diesen Häuserreihen ziehen sich allerliebste Miniaturparks mit schönen Fontainen hin, welche dem Ganzen sogar ein aristokratisches Gepräge verleihen.

Philadelphia zählt zur Zeit eine Bevölkerung von achthunderttausend Seelen, welche in einhundert und dreißigtausend Häusern leben.

Die Stadt hat eine Gesammtzahl von eintausend Meilen Straßen und Wege von welchen mehr als die Hälfte gepflastert sind; indeß unter denselben einhundert und vierzig Meilen Abzugskanäle, über sechshundert Meilen Wasserröhren, und ebenso viele Gasröhren liegen, ferner hat sie zweihundert und zwanzig Meilen Straßen-Eisenbahnen auf welchen täglich zweitausend Passagier-Wagen fahren, und vierhundert öffentliche Schulen die von achtzigtausend Schülern besucht werden, und an denen über sechszehnhundert Lehrer und Lehrerinnen angestellt sind.

Wie bereits gesagt wurde so hat die Stadt genügend Raum um einer weitern Ausdehnung großen Vorschub zu leisten, und ebenso sehr als dieses nach außen hin geschieht, hat sie sich auch innerhalb ihrer ursprünglichen Grenzen zusammen gezogen. Der große Square im Mittelpunkte der Stadt dessen ebenfalls bereits erwähnt wurde, verringerte sich durch Anbauten bis auf den verhältnißmäßig kleinen Penn Square, und selbst dessen Spuren sind nun ganz neuerdings total ausgelöscht durch den Bau eines wahrhaft collossalen Prachtgebäudes, des Rathhauses, an der Kreuzung der beiden großen Haupt-Avennen: Broad und Market Straße, von denen die erstere einhundert und dreißig, und die letztere einhundert Fuß breit ist. Die vier Squares in den respectiven Stadtvierteln bestehen noch, und obschon längst vernachlässigt und unbeachtet, sind sie in neuerer Zeit restaurirt und gebührend zu Ehren gebracht worden, denn mit ihren schattenreichen Bäumen, grünen Matten, schönen breiten und künstlich verschlungenen Wegen, an denen überall Ruhesitze angebracht sind, bilden sie förmliche Miniaturparks, und können gewissermaßen als die Lungen des riesigen Stadtkörpers betrachtet werden.

Der Washington Square mit seiner östlichen Front liegt schräg dem was einst der Stadthaushof hieß gegenüber, nämlich dem Unabhängigkeitsplatze (Independenz Square), so genannt weil von hier aus dem Volke zuerst die Unabhängigkeit von der Herrschaft und dem Drucke Englands verkündet wurde.

Der Washington Square war einst ein Armen-Kirchhof und wurde zur Zeit der Revolution als Begräbnißplatz von Soldaten benutzt, welche als Opfer der Blattern und des Lagerfiebers gefallen waren, und der Grund unter den im Windesfäuseln lispelnden reichen Blätterdaches in dem die Vögel singen und lustige Eichhörnchen ihr munteres Wesen treiben, birgt unter seinen grünen Matten die verwesten Ueberreste tausender hier Begrabener. Allein das Gras, das die Stätte jetzt bedeckt, ist darum nicht weniger grün, der Gesang der befiederten Sänger nicht weniger lieblich, und die Todten schlafen nicht weniger friedlich, weil über ihnen reges Leben und Munterkeit herrscht; denn an schönen Nachmittagen wimmelt und lebt es hier von muntern Kindern, die sich mit Springen, Scherzen und Spielen die Zeit vertreiben.

An der Achtzehnten und Walnut Straße befindet sich der Rittenhouse- und an der Achtzehnten und Race Straße der Logan Square, in welch' letzterem im Jahre 1864 die große Sanitäts-Ausstellung stattfand, bei welcher Gelegenheit der ganze Square eingefriedigt und überdacht war, so daß die Baumstämme gewissermaßen als Säulen in den improvisirten Hallen dienten, indeß ihre reichbelaubten Zweige und Kronen hoch über dem Dache emporragten.

An der Sechsten und Vine Straße befindet sich der Franklin Square welcher einst ebenfalls als Begräbnißstätte diente. Ein großer prächtiger Springbrunnen (Fontaine) in der Mitte desselben verleiht ihm vor allen den andern Squares einen besondern Vorzug. Der Westseite dieses Squares gegenüber, erhebt sich die neue deutsche lutherische Zionskirche, eine der schönsten der Stadt.

Außer den hier genannten im ursprünglichen Stadtplane gelegenen Squares sind noch die erst neuerdings angelegten Norris Square in Kensington und Jefferson Square an der Dritten und Washington Avenue die wichtigsten. Außer diesen hat es noch etwa ein halbes Dutzend kleinerer Squares. Der Raum dieses Werkchens erlaubt es nicht mehr über dieselben zu sagen als gesagt worden ist, besonders da wir beabsichtigen ein ganzes Kapitel dem vorzüglichsten Erholungsorte Philadelphia's, dem auf den ganzen amerikanischen Continente unübertroffenen Fairmount Parke zu widmen; soviel sei in Bezug auf dieselben noch erwähnt daß sie der Stadt Philadelphia vor allen andern Städten Amerika's ein wohlthuendes characteristisches Gepräge verleihen.

William Penn betrat den Boden seiner dereinstigen Stadt zuerst an der blauen Anker Landung, an der Mündung des Dockflusses, da wo heute die Front und Dockstraße sich kreuzen und wo dazumal das bescheidene Wirthshaus zum blauen Anker stand.

Die blaue Anker Landung zur Zeit der Ankunft Penn.

Der Dockfluß war zu jener Zeit und noch lange nachher ein nicht unbedeutender Strom, und es war die Absicht Penn's ihn als eine natürliche Zuflußader zum Herzen der von ihm zu gründenden Stadt zu benutzen, als welche er auch eine Zeitlang diente; allein das Wasser wurde nach und nach so übersriecht, und von Schmutz und Abfall aller Art, welche fortzuschwemmen die Strömung nicht stark genug war, derart angefüllt, daß man sich bald gedrungen sah es zu überwölben. Heutigen Tages rollen

Wagen über das solide Straßenpflaster dahin und der Besucher des alten ehrwürdigen stattlichen Girard Bankgebäudes an der Dritten, unterhalb der Chestnut Straße bemerkt auch nicht die geringste Spur die ihn daran erinnern könnte, daß hier einst eine Schaluppe vor Anker lag um ihre Ladung Rum von der Insel Barbados auszuladen. Hierdurch erklärt sich denn auch die Windung der Dockstraße, deren Fluß gleichen Namens sich durch die in rechten Winkeln sich durchschneidenden Straßen hinwand, und erst später zu einer Straße umgeschaffen wurde. Das Wirthshaus zum blauen Anker bildete den Anfang zur Stadt Philadelphia, und noch ehe es vollendet war, waren bereits andere Häuser in Angriff genommen, so daß bald darauf die Frontstraße eröffnet wurde, wo sich nun in rascher Aufeinanderfolge Haus an Haus reihte. Der erste Winter wurde von vielen der Ansiedler in provisorischen Höhlen, die in das hochliegende Flußufer gebaut waren, zugebracht, indem die Zeit zu kurz war vor Eintritt des kalten Wetters Häuser zu bauen. Blockhäuser erhoben sich indeß bald in genügender Anzahl um alle Einwohner unterzubringen, und das Wachsthum der Stadt am Ufer des Delaware anfangend drängte sich allmählig nach Nord, Süd und West, bis sie schließlich zu dem wurde was sie heute ist, eine der größten und bedeutendsten Hauptstädte der Welt. Der Dockfluß wurde also wie wir gesehen gänzlich ausgelöscht. Der Gesellschaftshügel, (Society Hill) auf welchem Alderman Plumstead seinen schwebenden Garten hatte, und wo später Whitefield vor fünfzehntausend Menschen das Evangelium predigte, wurde abgetragen, ebenso der hohe am Delaware sich entlang ziehende Hügel, welchen Penn ausersehen hatte für alle Zeiten eine öffentliche Promenade zu werden, und deßhalb streng verboten hatte irgend ein Haus an der Ostseite der Frontstraße zu bauen. Alles von diesen Hügel Uebergebliebene, wird heutigen Tages noch angedeutet durch gelegentliche steinerne Treppen welche von der Wasserstraße zur Frontstraße führen. Die Archstraße lag so niedrig, ja in einer förmlichen Schlucht, so daß eine Ueberbrückung derselben behufs Verbindung der Frontstraße bewerkstelligt werden mußte; daher auch ihr Name Arch (von arches!—überwölbt). Brücke und Schlucht gehören indeß zu den längst Gewesenen, wie auch der Dock-Teich an der Vierten und Market Straße, in welche sich die Fluth drängte, und wo die Buben die von derselben aus dem Delaware hineingetriebenen Fische fingen. Ein anderes ziemlich starkes Gewässer, der Pegg Run, welcher von einer Quelle (Spring) an der Zechsten und Springgarden kommend (daher der Name dieser Straße), in der Gegend der heutigen Noble Straße eine Wiese durchschneidend sich in den Delaware ergoß, ist längst verschwunden und nichts deutet heute mehr die Spur dieser ehemaligen Landmarken an. Nur aus Büchern und Schriften weiß man, daß sie jemals existirt haben.

Die Straßen.

Philadelphia wuchs zu rasch und dehnte sich nach verschiedenen Richtungen zu gleicher Zeit aus, als daß es möglich gewesen wäre die Geschäfte oder Gegenstände von Interesse in bestimmten Localitäten zu centralisiren, oder ein möglichst einheitliches System zu verfolgen. Der Fremdling mit einem Wegweiser in der Hand kann nicht etwa in einer beliebigen Stadttheil gehen um auf einem Morgenspaziergange die Sehenswürdigkeiten in Augenschein zu nehmen. Das Beste was wir thun können, und ihm in diesem Werkchen bieten, ist, daß wir ihn zuerst mit unserm Straßensysteme bekannt machen und ihn über Gegenstände von Interesse und deren Localität belehren, worauf er mit Hülfe des beigefügten Stadtplanes sich ohne Mühe wird zurecht finden können.

Die von Nord nach Süd laufenden Straßen sind vom Delaware aus nach Nummern benannt, z. B. Front (Erste) Straße, Zweite Straße, Dritte Straße u. s. w. und erstrecken sich bis zur Vierundsechzigsten Straße im Westen, jenseits des Schuylkill; die von Osten nach Westen laufenden Straßen dagegen führen die verschiedenartigsten Namen. Durch die Market (oder High) Straße wird Philadelphia in Nord und Süd geschieden, daher auch die Querstraßen, welche die Market Straße durchschneiden, nach Nord und Süd unterschieden werden, z. B. Nord Fünfte und Süd Fünfte, Nord Zwölfte und Süd Zwölfte u. s. w. Die Numerirung der Häuser geschieht nach Squares oder Häusergevierten, so daß auf jeden Square einhundert Nummern kommen. In den von Ost nach West laufenden Straßen befinden sich die geraden Zahlen auf der Südseite, die ungeraden dahingegen auf der Nordseite. Frontstraße z. B. beginnt mit 100, die Zweite Straße mit 200, die Dritte Straße mit 300 u. s. f. Dieses System ist ferner noch so bequeme daß man sich um so leichter orientiren kann. Steht man z. B. vor dem Hause 836 Marketstraße, so weiß man gleich daß man sich zwischen der Achten und Neunten Straße befindet. In den von Norden nach Süden laufenden Straßen befinden sich die geraden Zahlen auf der West-, die ungeraden auf der Ostseite der Straße.

Diese regelmäßige Aufeinanderfolge wird indeß in der Nähe des Schuylkill durch die Windungen die dieser Fluß macht, unterbrochen. An der Market Straße z. B. findet von der Dreiundzwanzigsten ein plötzlicher Uebersprung zur Dreißigsten Straße statt. Da nun aber die Dreißigste Straße die erste Straße am westlichen Ufer des Schuylkill ist, so bringt das wieder den bequemen Umstand mit sich, daß man bei der gegebenen Adresse einer Localität deren Nummer über 3030 ist, sogleich weiß, daß sie in West Philadelphia liegt. Mögen auch einzelne bedeutende Straßen sein, die nördlich und südlich laufen und mit Namen statt mit Nummern versehen sind, so sind das doch nur Ausnahmen, während eine große Anzahl kleinerer Straßen zu keinerlei Verwirrung Anlaß geben können. Bezüglich der von Ost nach Westen laufenden Straßen erleidet die Regel, daß dieselben Namen und keine Nummern tragen, keine Ausnahme.

Ansicht der Market Straße.

Dem ursprünglichen Plane gemäß war die Marketstraße zur Hauptstraße von Philadelphia bestimmt. Ihre Centrallage wie auch ihre Breite, 100 Fuß, bekunden das. Wie es kam, daß die nur eine Square weiter südlich laufende Chestnut Straße ihr den Vorrang entriß, ist schwer zu erklären; ohne Zweifel war dabei eines jener Zufallsspiele thätig, welche die Geschicke der Individuen wie der Localitäten bestimmen, und aller Uranlagen und Urpläne spotten. Immerhin ist sie noch die Hauptstraße von Philadelphia, die Scheidelinie zwischen dem Norden und Süden der Stadt. Sie bildet den großen Geschäftsmittelpunkt, die Hauptader des gewaltigen Stadtkörpers; von ihr aus zertheilen sich dessen Ströme menschlichen und commerciellen Lebens nicht nur über die Stadt, sondern über den Staat. Es ist die Hohe (High) Straße Penn's und seiner Nachfolger. Ihre außerordentliche Breite gab später Veranlassung zur Anlegung einer großen Anzahl von Markthallen, die nun aber längst dem Andrange des Handels haben weichen müssen, doch nicht eher als bis sie der Straße den Namen Market-Straße gegeben hatten. Gleich den übrigen Straßen läuft sie schnurgrade von einem Ende der Stadt zum andern.

Aehnlich wie in den Straßen, welche ost- und westwärts laufen, so sind auch in denen, welche nördlich und südlich laufen, die Häuser wechselweise numerirt, und zwar die geraden Nummern an der West- und die ungeraden an der Ostseite, ebenso dienen auch hier wieder gewisse Straßen als Grenzlinien von je einhundert Nummern. Als der Plan Penn's sich je mehr und mehr verwirklichte, und die offenen Baustellen vor den rasch auf einander erstehenden compacten Häuserreihen verschwanden, stellte es sich heraus, daß der ursprüngliche Plan doch viel zu großartig angelegt war, um praktischen Zwecken förderlich zu sein, und so stellte sich denn die Nothwendigkeit heraus, Zwischenstraßen anzulegen. Ein anderer Umstand trat noch hinzu, nämlich der, daß außerhalb der ursprünglich von Penn bestimmten Stadtgrenzen, weitere Anbauten, in Folge des durch die Krümmungen der Flüsse Delaware und Schuylkill bedingten Flächenraumes, sich die Nothwendigkeit ergab, in der Verlängerung und Anlegung neuer Straßen von den geraden Linien und rechten Winkeln abzuweichen.

Noch ein weiterer Umstand für diese Abweichung von Penn's Plane war der, daß diejenigen, welche die verschiedenen Vorstädte um Philadelphia herum anlegten, nicht im Entferntesten daran dachten, daß der kleine eingeengte Riese sie eines schönen Tages sämmtlich verschlingen würde. Sie ahnten nicht, daß meilenweit von der Stadt Penn's angelegte Colonien dereinst mit dieser verschmolzen würden, und sahen folglich keinen Grund, weshalb sie ihre Straßen mit denen jener Stadt in Einklang bringen sollten. Trotz alledem sehen wir immer noch eine bewundernswerthe Gleichmäßigkeit in dem Straßensystem Philadelphia's, welches selbst durch die hier angeführten Umstände nicht verwischt worden ist, wie ein Blick auf unsern Stadtplan darthut. Listen der Straßen, welche dem Fremdling die Orientirung in Philadelphia sehr erleichtern, sind in allen ersten Hotels gratis zu haben.

Einzelne besondere und auffällige Ausnahmen von der Abweichung des rechtwinkeligen Systems bilden einige Straßen, welche von der ursprünglichen Stadt aus, feldwegartig schräg durch die Häusergevierte der seither mit der Stadt vereinigten Distrikte nach den äußersten Grenzen der Stadt führen. Diese Straßen führten nach den entlegenen Ansiedelungen, die nun aber ebenfalls der Stadt einverleibt sind. Sie wurden „Roads" (Landstraßen) genannt, und obschon der verseinerte Geschmack ihnen heute das wohllautendere Prädicat: „Avenue" beilegt, so leben sie im Munde des Volkes doch noch immer unter ihren alten Namen, z. B. „Ridge Road," „Germantown Road," „Frankford Road," „Darby Road" u. s. w., denn das Volk trennt sich nur ungern von Gewohnheiten, die mit seinen Jugenderinnerungen innig verflochten sind, und der nachwachsenden Generation wird es wohl vorbehalten bleiben, die schöner klingenden Namen „Ridge Avenue" u. s. w. zur vollen Geltung zu bringen. Ridge Avenue führt nach der einst sieben Meilen von Philadelphia entlegenen lebhaften Fabrikstädtchen Manayunk (jetzt gleichfalls in die Stadt incorporirt), aber die Ridge Road oder noch familiärer: die „Ridge" führt in die lieblichsten Jugenderinnerungen eines jeden echten und treuen Philadelphier Herzens. Wem fiele es wohl leicht sich solcher Erinnerungen zu begeben?

Historische Denkmäler.

Philadelphia kann mit Recht Anspruch darauf erheben vor vielen andern Städten der Union, als eine historische bezeichnet zu werden, denn sie enthält mehr Angedenken geschichtlichen Interesses als irgend eine andere Stadt. Als eine der ältesten Antiquitäten, in so weit hier in der „Neuen Welt" überhaupt von solchen die Rede sein kann, ist die alte Schwedenkirche im Southwark zu bezeichnen. Dieses alte ehrwürdige Gebäude wurde bereits im Jahre 1700 an Stelle eines schon 1677 errichteten Blockhauses gebaut, welches ehedem gleichen Zwecken oder auch als Vertheidigungsort gedient hatte, je nachdem die damals noch sehr unsichern Zustände es mit sich brachten. Die Kirche ist aus Backsteinen erbaut, und dient noch bis auf den heutigen Tag gottesdienstlichen Zwecken. Sie steht auf einem Kirchhofe auf welchem sich Leichensteine vom Jahre 1700 noch solcher von gestern befinden. Der Zahn der Zeit hat freilich die erstern derartig zernagt, daß die Inschriften theilweise oder auch gänzlich zerstört sind. Sie steht an der Swanson Straße unterhalb der Christian Straße, mit ihrer Front an der Otsego Straße. Man erreicht sie mit den Wagen der zweiten und dritten Straßen Stadteisenbahn.

Eine andere Antiquität, deren Echtheit uns durch Watson in seinen Annalen verbürgt ist, ist Penn's Villa in der Letitia Straße, die zwischen der Zweiten und Dritten liegt und von der Market zur Chestnut Straße führt. Dieses Haus war eigends für Penn gebaut, und wahrscheinlich noch vor seiner Ankunft in der Ansiedlung. Es hat wunderbarer Weise, der Gewalt des gerade in diesem Theile der Stadt alles vor sich herdrängenden Commerces, der viel größere Gebäude hinweggefegt hat, widerstanden. Es ist ein kleines zweistöckiges Backsteinhaus an der Westseite der Straße, wenige Thüren südlich von der Market Straße. Gegenwärtig ist es eine Art Gasthof unter dem Namen „William Penn Hotel."

Nur wenige Schritte davon entfernt, an der Südwestecke der Front und Market Straße, befindet sich ein kleines Backsteingebäude, dessen Aeußeres schon unsere Aufmerksamkeit fesselt. Es ist jetzt eine Tabackshandlung, aber vor hundert Jahren war es das berühmte „London Kaffeehaus," in welchem sich damals sämmtliche Würdenträger der Stadt zu versammeln pflegten, um bei einer Tasse Kaffee zu politisiren. Das Haus wurde im 1702 gebaut, und wurde während der ersten fünfzig Jahre seiner Existenz als Wohnhaus benützt.

Das Haus 239 Arch Straße, obschon neuern Datums hat deshalb ein Interesse, weil in demselben die erste amerikanische Flagge angefertigt wurde.

An der Zweiten Straße zwischen der Market und Arch Straße, befindet sich die Christuskirche. Schon im Jahre 1695 hatten Penn's Begleiter an dieser Stelle ein hölzernes Gebäude errichtet, das zu kirchlichen Zwecken diente. Der Bau der gegenwärtigen Kirche begann im Jahre 1727 und wurde im Jahre 1733 vollendet, mit Ausnahme des Thurmes, welcher im darauf folgenden Jahre hinzugebaut wurde.

Sie ist ein ehrwürdiges Gebäude, und obschon das Auge hier nichts von der Pracht und dem Pomp erblickt, durch welchen die großen Dome und Cathedralen Europas imponiren, so trägt sie nichts desto weniger einen Charakter, der den Besucher unwiderstehlich zu ernster Beschaulichkeit anregt, selbst wenn er der Geschichte der Stadt und des Landes unkundig ist. Durch den ungitterten Raum wandeln wir über die Grabsteine mancher der hervorragendsten Bürger, die theilweise schon vor einhundert und fünfzig Jahren das Zeitliche segneten, und treten in das Innere ein, dessen geheiligte Räume zahlreiche Erinnerungen an eine große Zeit wachrufen. Das Auge des Geschichtskundigen, wird weniger durch die marmornen Gedächtnißtafeln, die hier zu Ehren dahingeschiedener Patrioten und angesehener Männer, die sich um die Kirche verdient gemacht, noch durch die feierlichen Ritus der Episcopalen zu feierlichen Reflexionen angeregt, sondern es schweift hinaus über die Gegenwart, und zurück in jener verhängnißvollen Zeit, als die Nordamerikanischen Colonien das Joch der Tyrannei abschüttelten, und der Freiheit eine Heimstätte auf diesem Continente gründeten,—nach jener Zeit, da die großen Patrioten der Revolutionszeit in Philadelphia versammelt waren, um von hier aus das Schiff der jungen Republik, während jener Sturm- und Drangperiode zu lenken. Hier in diesen einfachen aber geschmackvollen Räumen, auf diesen Stühlen saßen einst Benjamin Franklin der Philosoph und Staatsmann; Thomas Jefferson, der Verfasser der Unabhängigkeitserklärung; Robert Morris, der große Finanzier; der Astronom Rittenhouse; John Adams; Roger Sherman und viele Andere. In ehrfurchtsvollem Schweigen erhoben sich alle Anwesenden, wenn Washington's prächtige, von vier feurigen Pferden gezogene Karosse vor dem Portal anhielt, und der „Vater des Vaterlandes" aufrecht, und mit majestätischem Gange das Schiff der Kirche durchschritt. Ein Jahrhundert ist seit jener Zeit verflossen, aber noch immer glauben wir die Schatten jener Heroen zu gewahren, und ihre Fußtritte in diesen heiligen Räumen wiederhallen zu hören.

Die Kirche befindet sich heutigen Tages noch in demselben Zustande wie damals. Wohlberechtigte Pietät gestattet keine Veränderung oder Renerung. Der Thurm enthält ein herrliches Glockenspiel, das älteste in Amerika, und von keinem andern übertroffen. Die Glocken (acht an der Zahl), wurden in England gegossen, und im Jahre 1754 durch den Capitain Budden vom Schiff Myrtilla kostenfrei herübergebracht. Sie haben mit eingestimmt in die Sieges- und Friedensklänge der alten Stadthausglocke als diese allem Volke die Freiheit proklamirte.

Das massive Balkenwerk, welches die Glocken trägt, ist über einhundert Jahre alt, und sein heutiges Aussehen berechtigt zu der Annahme, daß es noch ein Jahrhundert halten kann. Der Thurm hat eine Höhe von einhundert neunundsechzig Fuß, und von seiner Lucke hat man eine prächtige Aussicht auf die Stadt, den Delaware und das gegenüber liegende zum Staat New Jersey gehörende Camden. Bemühen wir uns auch hinauf, so werden wir für den beschwerlichen Weg reichlich entschädigt werden.

Der Delaware mit seinen passenden Dampfern und weiß schimmernden Segeln liegt dem Beschauer fast unmittelbar zu Füßen, sich meilenweit dahin ziehend. Nach Süden zu deutet eine silberweiße Linie die Vereinigung der beiden Flüsse Delaware und Schuylkill bei League Eiland an, indeß in geringerer Entfernung die gewaltigen Masten und Rauchfänge mächtiger Kriegsschiffe bei dem Vereinigten Staaten Schiffsbauhofe unsere Aufmerksamkeit fesseln. Fährboote dampfen unablässig den Fluß hinüber und herüber, und rastlose Schleppdampfer durchschneiden keuchend und ächzend mit schwer beladenen, wohl achtmal größeren Schiffen als sie selbst sind, des Stromes Fluthen. Hier und dort sieht man in größter Eile größere und kleinere solcher Dampfer dahin fliegen als gälte es, heute noch eine ganze Kauffahrteiflotte in den Hafen zu bugsiren. An den Werften sehen wir Schiffe aller Art, vom größten Ocean-Dampfer bis zur kleinsten Jolle; indeß der Strom wimmelt von ankommenden und abgehenden Dampf- und Segelschiffen. Mitten im Strom sehen wir fast in gerader Richtung vor uns Smith's Eiland und Windmill Eiland, weiter nördlich Petty's Eiland, und unweit diesen deuten ein Wald von Masten und dicke schwarze Staubwolken die umfangreichen Kohlenhöfe der Philadelphia und Reading Eisenbahn Compagnie zu Richmond an. Weiter darüber hinaus gewahrt man noch das Spielen und Glänzen der Stromwellen im Sonnenlicht bis sie sich schließlich im Nebel dem Auge entziehen. Auf der gegenüber liegenden Seite des Stromes sehen wir Camden und Gloucester liegen, hinter welchen die sandigen Ebenen New Jersey's sich, durch fast nichts unterbrochen, dem sechzig Meilen entfernten Gestade des Atlantischen Oceans, entgegen ziehen.

Ansicht des Hafens von Philadelphia.

Landeinwärts schweift der Blick über die Riesenstadt, vom League Eiland im Süden bis nach Germantown und noch weiter im Norden, und von dem Delaware bis zu Punkten westlich am Schuylkill. Die Zweite Straße, die längste unter den angebauten Straßen, erstreckt sich schnurgerade wie ein Pfeil von der äußersten südlichen Spitze bis zu ihrem Auslaufe in dem Gehölz der nördlich liegenden Vorstädte. Dutzende von hohen ansehnlichen Kirchthürmen streben zum Himmel, aber noch hoch überragt von dem Observatorium der Kensingtoner Wasserwerke, welches in dem an der Fünfunddreißigsten nahe Transcript Straße belegenen Observatorium der westlichen städtischen Wasserwerke ein würdiges Seitenstück findet. Im Nordwesten der Stadt tritt in scharfen Umrissen das ebenso prächtige als collossale Girard College, von welchem späterhin noch besonders die Rede sein wird, hervor. Südlich von diesem erhebt sich der Dom der in sarazenischem Styl erbauten jüdischen Synagoge Rodef Sholem, der schönsten auf dem Continente Amerika's. In gerader Richtung westlich fällt der Blick auf die massiven Formen des Freimaurertempels sowie der graziös zum Himmel anstrebenden Thürme der Kirchen an den Ecken der Arch und Broad Straße, Baulichkeiten welche die Oertlichkeit andeuten, welche binnen weniger Jahre eine ganze Anzahl bisher unerreichter architectonischer Triumphe wird aufzuweisen haben. Die hier und da aus dem Häusermeer hervorschauenden grünen Flecken sind die bereits erwähnten in den verschiedenen Stadttheilen belegenen Squares; aber über Alles erhaben ruht das staunende Auge mit Lust und Wohlgefallen auf dem üppigen Grün des riesigen Fairmount Parkes und seiner Umgebung. Ziehen wir unsern Blick zurück aus der Ferne, und lassen ihn fast senkrecht herunterfallen so bemerken wir in einem kleinen Sträßchen welches in die Zweite Straße dicht neben der Christuskirche einmündet, eine Reihe großer Waarenhäuser. Diese gehörten dem reichen Stephan Girard, dessen in diesem Werke später noch gedacht werden wird. Der Reichthum der Christus-

Kirche ist ungeheuer und soll sich auf viele Millionen Dollars belaufen. An der Spitze steht ein Rector, dem mehrere Hilfsprediger untergeordnet sind. Jeden Sonntag findet zwei mal, am Mittwoch und Freitag einmal Gottesdienst in derselben statt. An hohen Festen ist derselbe höchst imposant. Die große Orgel, die Stimmen der Chorsänger und die Harmonie des Glockenspiels bringen eine Fluth von Tönen hervor, wie man sie in keiner andern Kirche der Stadt, die Kathedrale ausgenommen, vernimmt.

Die große Ulme, unter welcher William Penn seinen berühmten Vertrag mit den Indianern abschloß, befand sich zu Shakamaxon (jetzt Kensington), einem Namen der in der Nomenclatur der Straßen in jener Gegend noch immer bewahrt wird. Der stumme Zeuge dieses einzigen Vertrages, der jemals ohne Eid ratifizirt und niemals gebrochen wurde, stand über ein Jahrhundert lang nach jenem Ereigniß. Es war der Lieblingsplatz der Bürger im Sommer; im Jahre 1810 aber wurde die stattliche Ulme von einem Sturm niedergeweht, und seitdem bezeichnet ein einfacher Denkstein jene merkwürdige Stelle. Dasselbe steht auf der Ostseite der Beach Straße, nur wenige Schritte von der Hanover (jetzt Columbia) Straße entfernt. Man gelangt dahin mit der Zweiten und Dritten Straße Stadteisenbahn.

Der Penn Vertrag Gedenkstein.

Ein anderes interessantes Denkmal aus der Urzeit Philadelphia's ist, oder war noch vor wenigen Jahren das sogenannte „alte Schieferdachhaus" die ehemalige Wohnung Penn's. Es stand zwischen der Chestnut und Walnut Straße und wurde von Penn bei seinem zweiten Besuche in diesem Lande (1702) bewohnt. Einen Monat nach seiner Ankunft wurde John Penn, das einzige Glied der Penn'schen Familie in diesem Lande geboren. Gouverneur Lloyd, einer von Penn's Begleitern, war in diesem Hause ein oft und gern gesehener Gast; später verkehrten daselbst die Helden und Patrioten der Revolutionszeit, Washington, Hancock, Reed, Dickinson, der ältere Adams und andere. Später wurde das Gebäude zu verschiedenen andern Zwecken benutzt, bis es 1867 abgerissen und an seiner Stelle ein pallastartiges Gebäude, die Handelskammer, errichtet wurde.

Das alte Schieferdachhaus.

An der Südseite der Chestnut Straße, halbwegs zwischen der Dritten und Vierten Straße, führt eine eiserne Gitterthür nach einem Gebäude, das mehr als irgend ein anderes verdient die „Wiege der Unabhängigkeit" genannt zu werden. Es ist die sogenannte „Carpenter's Hall" wo der erste Continental Congreß sich versammelte, und wo die ersten Berathungen stattfanden, welche späterhin zur Unabhängigkeitserklärung führten. Ursprünglich von der Society of Carpenters (Zimmermannsgesellschaft) gegründet, wurde es später den Mitgliedern des Continental Congresses zu ihren Berathungen überlassen. Als die Engländer von der Stadt Besitz nahmen, benutzten diese das Gebäude. Später wurde es von der Vereinigten Staaten Bank, und noch später von der Bank von Pennsylvanien gemiethet. Nun aber kamen

Das Rathhaus (State House).

trübe Tage—das Haus wurde vernachlässigt, bis es zu einem Auctionslokal herabsank; dann aber die Zimmermannsgesellschaft den patriotischen Entschluß faßte, dasselbe wieder in den Zustand zu bringen in welchem es sich zur Revolutionszeit befand. Dies geschah, und nunmehr zählt „Carpenter's Hall" wieder zu den interessantesten Denkmälern Philadelphia's. Die Thüren stehen jedem patriotischen Besucher offen.

Es würde fast überflüssig sein ein Wort über die Unabhängigkeitshalle zu sagen, denn jeder Schulknabe in Amerika weiß davon zu erzählen; da jedoch dieses Werkchen berechnet ist, auch außerhalb der Grenzen Amerika's gelesen zu werden, so lassen wir zum allgemeinen Verständniß die wichtigsten Data über dieses merkwürdige Gebäude hier folgen. Im Jahre 1729 begonnen und 1735 beendet, ist die Geschichte desselben auf's innigste mit all' den großen Ereignissen des Jahres 1776, die jedem Amerikaner heilig und theuer sind, verflochten.

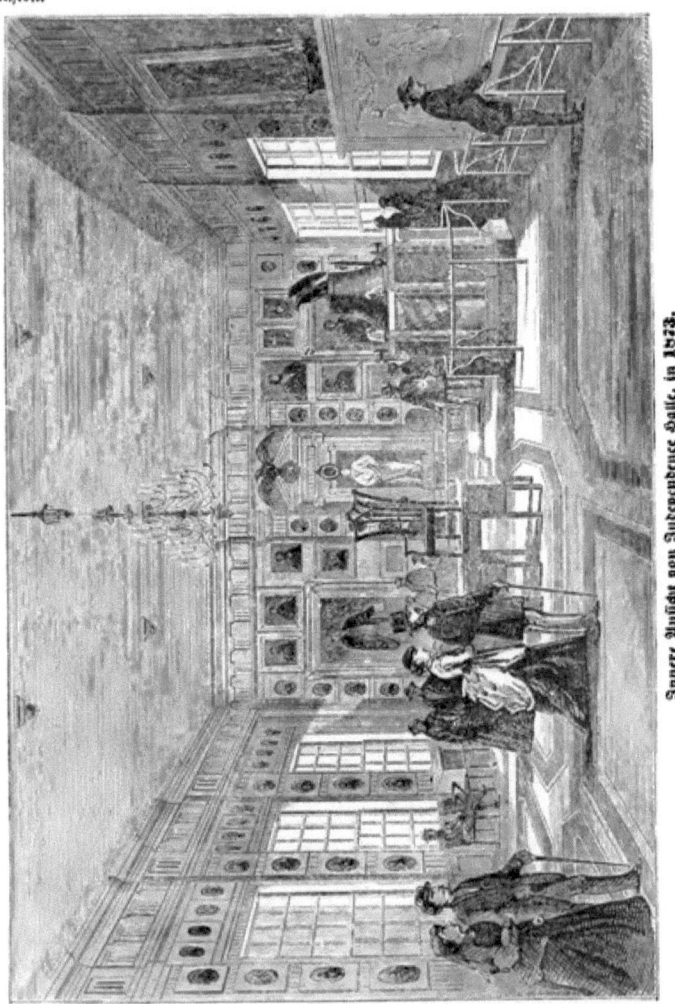

Innere Ansicht von Independence Halle, in 1873.

Im östlichen Saal des Hauptgebäudes (der eigentlichen Unabhängigkeitshalle), versammelte sich er zweite Continental Congreß, am 4. Juli 1776 wurde in ihm die Unabhängigkeitserklärung angenommen und von den Stufen welche in den Hof (jetzt Independence Square genannt) führen, dem jubelnden Volke vorgelesen, indeß die Freudenklänge der Glocke, die einen Riß erhielt und unbrauchbar als eine heilige Reliquie nun in Parade auf einem Postamente ruht, sich mit dem Jubelgeschrei der Menge vermischte. Der genannte Saal befindet sich noch heutigen Tages in demselben Zustande wie an jenem denkwürdigen 4.

Juli 1776. Er ist gewissermaßen zum Mecca der Völkerfreiheit geworden, nach welchem Tag für Tag Schaaren fremder Besucher wallen. Es befinden sich in diesem Saal noch eine große Anzahl von Reliquien aus jener ereignißvollen Zeit, z. B. mehrere alte Stühle, Portraits hervorragender Patrioten, ein Pult das Benjamin Franklin gehörte, u. s. w. Vom Thurme des Rathhauses genießt man eine prächtige Aussicht über die ganze Stadt.

Im Saale des zweiten Stockwerkes welcher vom Congreß benutzt wurde, hielt Washington seine berühmte Abschiedsrede.

Die Unabhängigkeitshalle wird mit der größten Sorgfalt in einem Zustande erhalten welcher der großen Ereignisse die sich in ihr zugetragen haben, würdig ist. Das Möbelment ist noch heute dasselbe welches vom Congreß benutzt wurde, Portraits bedeutender Männer schmücken die Wände und wohin das Auge blickt, gewahrt es Gegenstände von Interesse aus der frühen Geschichte des Landes und der Stadt. Das Gebäude steht an der Südseite der Chestnut Straße, zwischen der Fünften und Sechsten Straße. Die drei Gebäude welche früher vereinzelt standen sind seither durch weitere Anbauten verbunden, welche als Büreaus der verschiedenen Stadtbeamten benutzt werden, und unter dem Namen „State House Row" eine Lokalberühmtheit erlangt haben. Jedoch soll es die Absicht sein das Gebäude bis zum hundertjährigen Jubiläum in 1876 wieder in seinen ursprünglichen Zustand zu versetzen.

Besucher werden täglich (die Sonntage ausgenommen) von 9 Uhr Vormittags bis 4 Uhr Nachmittags in die Unabhängigkeitshalle eingelassen. Auf Verlangen ertheilt der Superintendent der Halle Karten zum Besuch des nahezu zweihundert Fuß hohen Thurmes. Ebenso ist in dem Gebäude ein Museum eingerichtet: in welchem sich Gegenstände von Interesse, die Bezug auf die amerikanische Geschichte haben, befinden.

Das breite Trottoir vor dem Rathhause ist mit Schieferplatten gepflastert und am äußern Ende von einer Baum-Allee beschattet. In der Mitte vor dem Haupteingang befindet sich auf einem Postamente ein marmornes Monument Washington's, und an jedem Ende ist eine Trinkfontaine angebracht. Hinter dem Rathhause befindet sich der bereits erwähnte Independence Square.

Noch ein anderes Denkmal aus der Revolutionszeit ist oder war vielmehr „Hiltsheimer's Neues Haus", in welchem Jefferson einst logirte und in welchem er die berühmte Unabhängigkeitserklärung aufsetzte. Es ist ein einfaches, drei Stockwerke hohes Backsteinhaus an der Südwestecke der Siebenten und Market Straße. Im untern Stockwerke befindet sich jetzt ein Kleiderladen, während der obere Theil zu verschiedenen Geschäften benutzt wird.

Ein anderes Heiligthum nach dem alle patriotischen Pilger wallen ist Benjamin Franklin's Grab, auf dem Friedhofe der Christuskirche an der Südostecke der Fünften und Arch Straße. Eine in der Mauer angebrachte Gitterthür gestattet dem Fremdling den Blick auf das Grab in welchem der große Philosoph und Staats-

Franklin's Grab.

mann an der Seite seiner Gattin den ewigen Schlaf schläft. Ein gemeinsamer Grabstein bedeckt die Ruhestätten Beider. Lange stehen wir sinnend vor dieser Gitterthür, und mit gerührtem Herzen wenden wir uns hinweg von dieser Stätte der Todten, um unsern Weg durch das geräuschvolle Treiben der Lebenden fortzusetzen.

Die Market Straße.

Die Market Straße, von einem Fluß zum andern laufend, kann füglich als die Hauptbasis des Binnen- und Seehandels Philadelphias bezeichnet werden. Wie schon erwähnt war ihr früherer Name „Hohe Straße;" allein in Folge der Markthallen, die sich in ihr befanden, wurde sie vom Volke vorzugsweise Market Straße genannt, welcher Name ihr denn auch thatsächlich beigelegt wurde. Ihre große Breite erleichtert außerordentlich den lebhaften Verkehr, der in ihr getrieben wird. Zahlreiche Eisenbahngeleise liegen in ihr mittelst deren Güter aus den Waarenlagern direkt an ihre Bestimmungsörter versandt werden. Ein Gang durch diese Straße läßt uns manche große und schöne Häuser erblicken; jedoch nur wenige von specieller Bedeutung. Wir erwähnten bereits das London Kaffeehaus an der Front und Market Straße, Penn's Landhaus in Letitia Straße, und die Christus Kirche.

Die Zweite Straße trägt ihren eigenthümlichen Charakter, und kein Fremder sollte ihren Besuch unterlassen. Sie ist für Philadelphia das, was für New York die Bowery ist. Von großer Länge und in schnurgerader Linie vom äußersten Norden bis zu ihrem südlichsten Punkt laufend, bietet sie dem Auge eine

Scene in der Market Straße. Lippincott u. Co's., Buchhandlung.

ununterbrochene Doppelreihe von Geschäftslokalen dar, die mit souveräner Verachtung aller in andern Handelsstraßen herrschenden Regeln, an einander gereiht sind. Hier ist eine Stahl- und Eisenwaarenhandlung; nebenan eine Kleiderhandlung, sodann eine Conditorei, ein Specereiladen u. s. w. bunt durch einander, wie die Scenen in einem Kaleidoscope, und um der endlosen Mannigfaltigkeit noch die Krone aufzusetzen, sehen wir hier und da ein sogenanntes Museum, in welchem ein Affe, ein Bär und eine Schlange zu sehen sind, nicht zu vergessen die unvermeidlichen Biersalons. Engroshandlungen findet man nur hier und da eine, und zwar meistens nur in der Nähe der Market Straße. Bei alledem was uns in dieser Straße so eigenthümlich berührt, liegt dennoch etwas in diesem Durcheinander, welches uns mit unwiderstehlicher Gewalt anzieht, und uns zu wiederholten Besuchen derselben antreibt. Doch kehren wir zurück zu dem Leben und Treiben der Market Straße. Unter den zahlreichen großen Geschäftshäusern dieser Straße nennen wir vorzugsweise das zwischen der Siebenten und Achten Straße gelegene Etablissement der Firma Lippincott und Co., eines der größten Verlagshäuser in der ganzen Welt.

Schon im vorigen Jahrhundert gegründet, wechselte es seine Besitzer öfters, bis es im Jahre 1850 in den Besitz der Firma Lippincott gelangte, unter welcher es seinen gegenwärtigen großartigen Aufschwung genommen hat, so daß es den größten derartigen Geschäften in der Welt würdig zur Seite gestellt werden kann. Die mit diesem Etablissement in unmittelbarer Verbindung stehende Buchdruckerei und Binderei zeigt ihre Hauptfront an der Filbert Straße, und ist eines der größten und dauerhaftesten Gebäude in der Stadt.

Als ein gutes Hotel, in welchem mäßige Preise angesetzt werden, bezeichnen wir das an der Südostecke der Elften und Market Straße gelegene Bingham Haus, welches seinem Umfange nach als das dritte Hotel Philadelphias gelten kann.

Der Häusercomplex an Girard Straße, welche in unmittelbarer Nähe des Bingham Hauses, zwischen der Market und Chestnut und der Elften und Zwölften Straße liegt, ist ein Vermächtniß von Philadelphias

J. B. Lippincott u. Co's., Buchdruckerei und Binderei.

größtem Wohlthäter, Stephan Girard, der sein ungeheueres Vermögen, mit Ausnahme von kleinen Vermächtnissen im Belauf von etwa viermalhunderttausend Dollars, der Stadt Philadelphia vermachte. Das größte dieser Vermächtnisse ist das berühmte Girard College, von welchem späterhin die Rede sein wird. Der Pachtzins der vorgenannten Häuser trägt viel zur Erleichterung des steuerzahlenden Publikums bei.

Noch ein anderes fürstliches Vermächtniß Stephan Girard's sind etwa achtzehntausend Acker Kohlen- und Holzländereien in den Counties Schuylkill und Columbia. Etwa fünftausend fünfhundert davon kommen auf Kohlenland. Mit Ausnahme einer kleinen Mine, welche Girard selbst benutzte, lagen alle diese Ländereien bis zum Jahre 1863 brach; als dieselben dann aber in Angriff genommen wurden, fand es sich, daß sie sich nicht nur sehr ergiebig erwiesen, sondern daß die Kohlen von der vorzüglichsten Qualität waren. Etwa eine Million Tonnen Kohlen ergeben diese Ländereien jährlich.

Ferner vermachte Girard der Stadt viertausend siebenhundert und fünfundsiebzig Acker Land in dem County Hart (im Staat Kentucky), welche ihr nicht geringe Interessen tragen.

An der Zwölften und Market Straße befindet sich ein sehr großes Gebäude, bekannt unter dem Namen „Farmer's Market." Dasselbe wurde von einer Gesellschaft von Farmern, welche ihre Interessen in der Art und Weise wie die Marktangelegenheiten gehandhabt wurden, beeinträchtigt sahen, erbaut.

Bingham Haus.

Zwei andere Markthallen dem eben erwähnten ähnlich, wurden später weiter westlich an der Market Straße erbaut.

Die Market Straße von der Zwölften Straße aus gesehen.

Ein sehr umfangreiches Gaswerk befindet sich an der Dreiundzwanzigsten und Market Straße.
Die Market Straßen Brücke ist ein unschöner aber bequemer Bau, der gute Dienste leistet um Waaren und Passagiere nach West Philadelphia zu befördern. Die gesammte Fracht und fast sämmtliche Passagiere der Pennsylvania Eisenbahn müssen diese Brücke passiren um nach den beiden Bahnhöfen dieser Compagnie

zu gelangen, die den Square an der Market Straße zwischen der Einunddreißigsten und Zweiunddreißigsten Straße einnehmen.

Die Marketstraße drängt sich rasch westwärts. Vom Delaware bis zum Schuylkill, und noch weit über denselben hinaus ist sie eine ununterbrochene Doppelreihe von Kaufläden und Geschäftshäusern. Die Pferde Eisenbahn führt bereits bis zur Einundvierzigsten Straße, während eine ihrer Zweigbahnen sogar bis nach Haddington der äußersten westlich liegenden Vorstadt führt, indeß ein anderes nach den Ausstellungsgebäuden führt. Die Haddington Bahn führt an Kirkbride's oder besser bekannt unter dem Namen „Pennsylvanien Irrenhospital" vorbei, dem ältesten derartigen Institut in Amerika. (Es ward gegründet im Jahre 1751.) Die gegenwärtigen Gebäulichkeiten datiren jedoch erst von 1841 und umfassen einen Flächenraum von einhundert und dreizehn Acker. Der Haupteingang befindet sich an der Haverford Straße. Etwa ein Drittel des Grundes ist in Gärten und Anlagen ausgelegt, indeß das Hauptgebäude sich durch seine Größe und architektonische Schönheit auszeichnet, und mit strenger Rücksicht auf Gesundheit und Comfort eingerichtet ist. Die Behandlung der Patienten ist eine höchst humane, und wird der Geist derselben stets in activer Thätigkeit gehalten. Von den Greueln und Torturen in den sogenannten Narrenhäusern des vorigen Jahrhunderts sieht man hier keine Spur.

Besucher werden gegen Eintrittskarten, welche in der Ledger Office an der Sechsten und Chestnut Straße gratis zu haben sind, täglich, außer am Sonnabend und Sonntag, von 10 Uhr Vormittags bis Sonnenuntergang zugelassen.

Die Chestnut Straße.

Obschon die Market Straße ursprünglich zur Hauptstraße Philadelphia's bestimmt war, und solches auch in einem gewissen Sinne ist, so wird der Fremde jedoch der Chestnut Straße als solche den Vorrang zuerkennen. Sie ist für Philadelphia das, was der Broadway für New York ist, nämlich die Hauptstraße par

Die Chestnut Straßen Brücke.

excellence, und jeder Philadelphier blickt auf sie mit gerechtem Stolze; in ihr spiegelt sich der Reichthum und die Pracht, der Glanz und Luxus, das Leben und Treiben der Weltstadt am getreuesten wieder. Ihre Prachtgebäude und herrlichen Läden, das Drängen und Wogen auf den Seitenwegen vom frühen Morgen bis in die Nacht hinein können nicht verfehlen ein'n großen, gewaltigen Eindruck auf den Fremden zu machen; für ihn gewinnt die Chestnut Straße eine repräsentative Bedeutung, und die Begriffe die er von Philadelphia mit sich nimmt, werden unwillkührlich stets an diese einzelne Straße erinnern, so oft er den Namen der Stadt nennen hört.

Möge der Leser uns auf unserer Wanderung durch die ganze Länge der Straße begleiten, und unter unserer Führerschaft die Sehenswürdigkeiten derselben in Augenschein nehmen.

Von der Delaware Fronte der Stadt beim Chestnut Straßen Werfte anfangend, wenden wir uns, nachdem wir unsere Augen kurze Zeit an dem bunten Leben und Treiben dem Strome entlang geweidet haben, westwärts und steigen dann den etwas steilen Abhang empor, der nach der Frontstraße führt, und uns noch an William Penn's hohe Uferbau erinnert. Von hier aus bis zur Zweiten Straße gewahren wir wenig Merkwürdiges — größtentheils außerordentlich hohe Importhäuser, die mit den schmalen Trottoirs der Straße ein enges düsteres Aussehen geben, obschon dieselbe überall von gleicher Breite ist. An der Zweiten Straße angekommen drehen wir uns ein wenig links und stehen vor der Handelskammer. Dieselbe wurde im Jahre 1870 aus braunem Sandstein aufgeführt. Ihr Vorgänger, welcher ein Jahr zuvor durch eine Feuersbrunst zerstört worden war, hatte die Stelle des alten Schieferdachhauses eingenommen, von welchem bereits die Rede war.

Der Handelskammer gegenüber gewahren wir ein colossales Backsteingebände welches uns durch seine außerordentliche Einfachheit auffällt. Dasselbe enthält die Vereinigten Staaten Taratos Magazine und dürfte wohl das einzige Gebäude in Amerika sein von dem man behaupten darf, daß es durch und durch feuerfest ist. Die Backsteinwände sind von ungewöhnlicher Stärke, und die Fenster sind durch eiserne Läden die tief in Nischen ruhen, so geschützt, daß keine Macht des Feuers sie anzureißen vermag. Inwendig ist Alles von Eisen und Backstein, und mit feuerfestem Kitt überzogen, indeß die einzelnen Räumlichkeiten derart arrangirt sind, daß der Inhalt einer derselben vollständig verbrennen kann, ohne weiteren Schaden für die Uebrigen.

Das Gebäude hat 74 Fuß Front, eine Tiefe von 247 Fuß und eine Höhe von 5 Stockwerk mit Ausschluß des Kellers. Es befindet sich an derselben Stelle an der einst die aus Marmor aufgeführte Bank von Pennsylvania stand. Da sich für die Letztere kein Käufer gefunden hatte, so wurden beim Bau des Fundamentes des neuen Gebäudes die Marmorblöcke benutzt, und zwar mit einem Kostenpreise der geringer war als irgend ein anderes Material. Das Gebäude ist noch ganz neu — es datirt von 1871 und enthält ungeheure Räumlichkeiten; zwei derselben sind 70 bei 130 Fuß, und

Die Bank von Nord Amerika.

drei andere 70 bei 180 Fuß.

Nach der Chestnut Straße zurückkehrend bewundern wir zwischen der Zweiten und Dritten Straße prächtige Häuserreihen, die meistens dem Großhandel gewidmet sind. An der Südostecke der Dritten befindet sich die Haupt Office der Westlichen Union Telegraphen Compagnie, ein fünfstöckiges Backsteingebäude. Die Telegraphendrähte, die sich hier vereinigen, bilden über den sich durchschneidenden Straßen ein förmliches Netz.

Gerade gegenüber befindet sich die Zeitungs-Office des „Public Record".

Der Anblick, der sich dem Beobachter an diesem Punkt der Straße bietet, ist ein höchst merkwürdiger und interessanter, denn hier befindet sich der Mittelpunkt der Finanzwelt Philadelphia's. In der Dritten Straße zwischen der Market bis zur Walnut ist die Region wo der Mammon regiert. Ueberall fällt der

Blick auf stattliche Bankgebäude und eine Menge von Wechsler- und Mäklerbüreaus. Hier befindet sich auch das in hohem Ansehen stehende Bankhaus der Firma Drexel und Co. und manche Andere.

Wieder wenden wir uns links, passiren die Office des „Evening Telegraph" und sehen vor dem altehrwürdigen Gebäude der Girard Bank, gebaut 1795—8 für die erste Vereinigte Staaten Bank, späterhin

Gebäude der Guarantie Trust und Safe Deposit Compagnie.

aber benutzt von dem Manne dessen Namen sie trägt, und dessen Andenken sich für alle Zeiten in dem Herzen der Bürger Philadelphia's festbegründet hat.

Unsern Weg, die Chestnut Straße weiter verfolgend, passiren wir die Office des „Inquirer", einer stark gelesenen Zeitung, und gleich darauf an der Nordseite die Bank von Nord Amerika, des ersten derartigen Instituts welches in Nord Amerika im Jahre 1781 vom Congreß gegründet wurde, und zwar zu einer

Zeit wo die Creditverhältnisse des Bundes traurig genug standen. Robert Morris war einer ihrer ersten und thätigsten Mitbegründer. Seinen Bemühungen und Anstrengungen gelang es das tieferschütterte Vertrauen wieder zu heben, den Credit wieder zu befestigen und ein gutes circulirendes Mittel zu schaffen. Das gegenwärtige Gebäude ist aus braunem Sandstein und im florentinischen Styl aufgeführt. Ihm gegenüber befindet sich das prachtvolle, in einem uns eigenthümlich berührenden Styl errichtete Gebäude der Guarantie Trust und Safe Deposit Compagnie, aus gepreßten Backsteinen mit Thon und farbigen Steinen fein verziert.

Gebäude der Fidelity Safe Deposit Compagnie.

Es hat eine Front von 57 Fuß an der Chestnut Straße bei einer Tiefe von 198 Fuß, wurde in 1874 erbaut, und besitzt den Vorzug, daß es mit seinem eigenthümlichen Baustyl, Schönheit und Sicherheit gegen Feuer und Diebe gewährt. Die Gewölbe zur Aufbewahrung der Gelder und Depositen, sechs an der Zahl, liegen im hintern Theil des Gebäudes, und lassen in Bezug auf Dauerhaftigkeit und Sicherheit nichts zu wünschen übrig. Jedes dieser Gewölbe ist zehn Fuß breit, bei achtzehn Fuß tief.

Unterhalb der Vierten Straße, und gerade der Carpenters Hall gegenüber, erhebt sich das aus schneeweißem Marmor pallastähnliche Gebäude der Fidelity Safe Deposit und Insurance Companie (einer Anstalt zur sichern Aufbewahrung von Geld, Papieren, Juwelen und Werthsachen aller Art.) Nicht nur in Bezug auf äußere Schönheit, sondern auch seiner außerordentlichen Sicherheit wegen zeichnet es sich aus. Die Mauern haben eine ungeheure Dicke, und der Geldschrank, welcher 150 Tonnen (350,000 Pfund) wiegt, kostete 60,000 Dollar.

Nachdem wir die Vierte Straße überschritten, erblicken wir an der Südseite der Straße, nach der Fünften hinzu das Zollamts-Gebäude (Custom House). Dasselbe hat zwei Fronten, eine an der Chestnut, und die andere an der Library Straße; jede derselben ist verziert mit acht Dorischen Säulen, deren jede eine Höhe von 27 Fuß hat, bei einem Durchmesser von 4½ Fuß, und ein schweres Gesimse tragen. Das Gebäude, aus Marmor gebaut, ist eine Nachbildung des Parthenon zu Athen, und im reinsten Dorischen Styl ausgeführt. Es wurde im Jahre 1824 erbaut, kostete 500,000 Dollar, und war damals die Vereinigte Staaten Bank. Es ist nicht städtisches Eigenthum, sondern gehört der Bundesregierung, die es zu ihren Zwecken eingerichtet hat. Das Unterschatzamt, und die Büreaux der Vereinigten Staaten Zollbeamten befinden sich darin.

Dem Zollamt gegenüber, ziehen mehrere andere Prachtgebäude unsere Aufmerksamkeit auf sich, nämlich die Philadelphia Bank, aus Granit erbaut, und die imposante aus weißem Marmor errichtete Farmers und Mechanics Bank, eines der ältesten derartigen Institute in der Stadt, welches im Jahre 1807 mit einem Kapital von 700,000 Dollar begründet wurde, als eine Gesellschaft, welche unter dem Namen: Der Präsident und das Directorium der Farmers und Mechanics Bank in der Stadt Philadelphia unter billigen Bedingungen Geldvorschüsse machten, zum Zweck die Interessen der Agrikultur, der Manufaktur und der Gewerbsthätigkeit zu fördern, überhaupt den Handel und die Industrie zu heben, und den verderblichen Wucher zu unterdrücken. Im Anfange ihres Bestehens benutzte die Gesellschaft ein Haus an der Chesnut Straße, oberhalb der Dritten. Im Jahre 1809 erwirkte sich dieselbe einen Freibrief von der Staatsgesetzgebung als die Farmers und Mechanics Bank, mit einem Kapital von $1,250,000, der seither viermal erneuert wurde. Bald darauf wurde die Bank in ein größeres Gebäude verlegt, wo sie blieb, bis man Gelegenheit fand ein großes Wohnhaus zu kaufen, welches dem gegenwärtigen Marmorbau Platz zu machen hatte. In genanntem Hause hatte Lord Howe zur Revolutionszeit, als die Engländer Philadelphia besetzt hielten, sein Hauptquartier. Im Jahre 1855 wurde das gegenwärtige Bankgebäude bezogen. Das eigentliche Banklokal liegt im hintern Theil des Gebäudes, zu welchem ein Corridor führt, zu dessen beiden Seiten im vordern Theil sich verschiedene Büreaux befinden. Die Farmers Bank besorgt auch die ver-

Das Zollamtsgebäude und die Post.

schiedenen städtischen Geldgeschäfte, Anleihen u. s. w. Am 24. April 1856 wurde ihr Kapital auf 2,000,000 Dollar erhöht.

Unmittelbar an die Farmers und Mechanics Bank stößt das Gebäude der Pennsylvania Lebensversicherungs- und Creditgesellschaft. Dasselbe hat eine Front aus Quincy Granit, und gewährt nicht nur einen äußerst imposanten Anblick, sondern steht auch, was Durabilität betrifft, keinem der bereits beschriebenen Gebäude nach. Es sind keine Kosten gescheut worden, es sowohl feuerfest als gegen Unberufene unzugänglich zu machen. Die feuerfesten Schränke kosten allein nahezu 100,000 Dollar. Das frühere Lokal dieser Gesellschaft befand sich an der Walnut, oberhalb der Dritten Straße.

Gerade oberhalb des Zollamtes sehen wir die Post, ebenfalls aus Marmor aufgeführt. Obschon dieser

Bau, der im Jahre 1862 bezogen wurde, in Berücksichtigung des erweiterten Postverkehrs, im Gegensatz zu dem früher benutztem Gebäude an der Dockstraße bedeutend vergrößert war, so hat es sich nichtsdestoweniger heutiges Tages als ungenügend herausgestellt. Der Congreß hat in Anbetracht dessen, die Errichtung eines neuen colossalen Postgebäudes authorisirt. Dasselbe wird an der Neunten und Chesnut Straßen errichtet, und sind 3 Millionen Dollar zu diesem Zwecke bewilligt worden.

Biegen wir an der Fünften Straße um die Ecke, so sehen wir die Philadelphia Bibliothek, eines jener ehrwürdigen Gebäude welches uns in Gedanken um mehr als 150 Jahre in die Vergangenheit zurückversetzt, und indem wir in dasselbe eintreten vermeinen wir die Gestalten der biedern Quäker, die einst in diesen Räumen ein- und ausgingen, zu gewahren. Diese Bibliothek wurde im Jahre 1731 hauptsächlich

Die Farmers' und Mechanics Bank.

durch die Bemühungen und den Einfluß Dr. Benjamin Franklin's, dessen Statue in Marmor über dem Frontportal steht, begründet. Das gegenwärtige Gebäude wurde im Jahre 1790 bezogen. Dieselben Gesetze und Regeln welche dem Institut schon in 1731 zu Grunde gelegt wurden, dienen demselben noch bis auf den heutigen Tag zur Richtschnur. Trotz ihrer alterthümlichen Erscheinung und ihres einfachen ernsten Anstriches, hält die Philadelphia Bibliothek aber nichts desto weniger gleichen Fortschritt mit der Zeit und ihren Forderungen, durch steten Ankauf neuer Werke. Die Logan'sche Bibliothek befindet sich in demselben Gebäude. Gerade der Philadelphia Bibliothek über steht das Gebäude der Amerikanischen Philosophischen Gesellschaft. Das Traumleben in welches wir unwillkührlich durch die Umgebung und den Charakter des vorbenannten Bibliothelsgebäudes versunken waren, wird plötzlich auf eine äußerst prosaische Weise unterbrochen, wenn wir aus demselben heraustreten und der unaufhörliche Lärm vor dem

Philadelphia und seine Umgebung.

Fünfte und Chestnut Straße. Brown's Apotheke.

Büreau des Mayors der Stadt und der Central Polizeistation an der Südwestecke der Fünften und Chestnut Straße an unser Ohr dringt. Dieses Gebäude bildet den äußersten östlichen Flügel des bereits er-

Gebäude des Public Ledger.

wähnten „State House Row". Hier ist das Hauptquartier des Polizeichefs, der Hochconstabler, der Geheimpolizei Beamten, des Feuermarschalls u. s. w. Personen, die wegen eines Verbrechens verhaftet sind, haben in dieser Stat ein Verhör vor einem Polizeirichter zu bestehen.

Nachdem wir uns die an der Nordostecke der Fünften und Chestnut Straße befindliche imposante Apotheke des Herrn Brown in Augenschein genommen haben, gehen wir der Sechsten Straße zu, passiren das an der Nordseite der Straße stehende American Hotel und das an der Südseite gelegene bereits beschriebene Rathhaus.

An der Sechsten und Chestnut Straße gewahren wir ein collossales Gebäude aus Braunstein, das jeden Fremden durch seine imposanten Proportionen unwiderstehlich fesselt. Es ist dieses die Office des Public Ledger, der Hauptzeitung Philadelphia's und eines der bedeutendsten Journale der Welt, welches eine tägliche Ausgabe von nahe 100,000 Exemplaren druckt.

Dieses Prachtstück der Architektur ist das größte Zeitungsgebäude der Welt; es wurde im Jahre 1866 eröffnet und steht unter der tüchtigen und energischen Leitung des Herrn Georg W. Childs.

Gebäude des Philadelphia Demokrat.

An der Nordwestecke sehen wir die Office der täglichen Abendzeitung „The Day"; wenige Häuser davon die des „Evening Bulletin", der ältesten Nachmittagszeitung in der Stadt, und schräg von dieser gegenüber die stattliche Office des „Philadelphia Demokrat", der am weitesten verbreiteten deutschen Zeitung der Stadt und des Staates. Eine Reihe prächtiger und massiver Gebäude zu beiden Seiten der Straße vorbeigehend erblicken wir an der Südwestecke der Siebenten und Chestnut Straße die Office der „Presse", einer gut redigirten und viel gelesenen Zeitung.

An diesem Punkte angelangt beginnt die fashionable Promenade, und bei heiterem Wetter kann man hier ganze Schaaren fein gekleideter Herren und Damen westwärts wandeln sehen. Prachtvolle Läden zu beiden Seiten, die besonders bei abendlicher Gasbeleuchtung das Auge fesseln und die an Schönheit und Mannigfaltigkeit der darin ausgestellten Waaren und Modeartikel mit einander zu wetteifern scheinen, reihen sich einer an den andern. Die von unserem Künstler beigefügte Skizze veranschaulicht uns eine Scene vor dem Laden des rühmlich bekannten Samenhändlers Henry A. Dreer, wie wir sie an einem schönen Nachmittage in diesem Stadttheile mehrere Squares entlang sehen können.

Demnächst ist es der prachtvolle aus Braunstein errichtete Freimaurertempel der unsere Aufmerksamkeit erregt. Derselbe wurde vor siebenzehn Jahren erbaut und war der größte und schönste der Art auf dem amerikanischen Continente. Doch unter dem stetigen Zunehmen des Freimaurerordens erwies er sich trotz seiner Größe bald zu klein und heutiges Tages wird er von einem noch viel größeren und schöneren, der an der Broad und Filbert Straße steht, und von dem seiner Zeit gesprochen werden wird, bei Weitem übertroffen. Der alte Freimaurertempel ist inzwischen zu geschäftlichen Zwecken, für die er sich besonders gut eignet, umgeschaffen worden.

Wir sind mittlerweile an dem Punkte angelangt, wo die Achte und Chestnut Straßen einander kreuzen. Keine Feder wäre im Stande den Anblick zu beschreiben, der sich hier dem Auge bietet. Der fashionable Kleinhandel Philadelphia's scheint hier seinen Mittel- und Höhepunkt erreicht zu haben; denn was die Welt nur Schönes, Theures und Luxuriöses zu bieten vermag, ist hier zu haben. Gruppen Kauflustiger, Neugieriger, Spazier- und Müßiggänger beleben die Scene vom frühen Morgen bis in die Nacht hinein.

Indem wir uns in den Menschenknäuel, der hier auf und niederwogt, hineinbegeben und uns westwärts fortdrängen lassen bis zur Neunten Straße, wird unser Blick auf's Neue durch das an der Nordseite der

Chestnut Straße sich erstreckende Girard Haus, dem zweitgrößesten Hotel der Stadt, gesellt. Ihm direkt gegenüber erheben sich in mächtigen Umrissen die Formen seines gewaltigen, ja weit überlegenen Nebenbuhlers, des Continental Hotels, das an Größe wohl nur von zwei oder drei anderen Hotels im ganzen Lande übertroffen wird, während es in Bezug auf innere Pracht, Eleganz und Einrichtung schwerlich seines Gleichen in Europa aufzuweisen haben dürfte. Es bedeckt einen Flächenraum von einundvierzig tausend fünfhundert sechsunddreißig Quadratfuß, ist sechs Stockwerke hoch und hat eine Front von Albert und Pictou Stein an der Chestnut Straße, während die Fronten an der Neunten und Samson Straße aus gepreßten Backsteinen bestehen. Unter seinen inneren Einrichtungen nennen wir hier vorzugsweise den Elevator (Hebemaschine), welcher Gäste aus dem untersten Stockwerk bis in's sechste befördert, und somit dem beschwerlichen Treppensteigen vorbeugt. Telegraphendrähte laufen vom Continental Hotel nach verschiedenen Richtungen. Bezüglich des Gepäcks der Reisenden, die hier logiren, herrscht die größte Ordnung und Sicherheit, und die Tafel läßt nichts zu wünschen übrig. Man findet hier zu jeder Stunde des Tages sowohl als bei Nacht den Tisch gedeckt, so daß man ohne den geringsten Verzug sein Mahl einnehmen kann. Im untern Geschoß des Hotels sind Läden, Kleidermagazine u. dgl. m., so daß ein Fremder, der im Continental Hotel logirt, alles Nothwendige dessen er bedürftig ist, sich verschaffen kann ohne das Hotel zu verlassen.

Schräg dem Continental Hotel gegenüber wird gegenwärtig das bereits erwähnte neue Postgebäude errichtet. Es wird an der Chestnut Straße, einen halben Square zwischen der Neunten und Zehnten Straße, und an der Neunten den ganzen Square von der Chestnut bis zur Market einnehmen und 66,750 Quadratfuß Grund bedecken. Vorschläge sind bereits gemacht worden, die Neunte Straße um 29 Fuß zu erweitern, zudem glaubt man, daß die Regierung auch späterhin den noch übrigen Rest des Squares der von der Neunten und Zehnten, Market u: d Chestnut Straße begrenzt wird, an

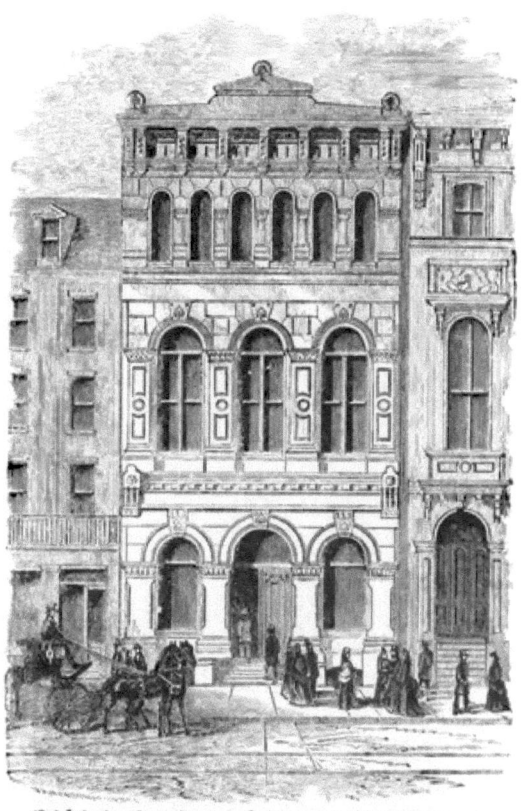

Gebäude der Pennsylvania Insurance u. Trust Compagnie.

laufen und zu nationalen Zwecken verwenden werde.

An der Südwestecke der Neunten und Chestnut steht eine ganze Häusergruppe von Marmor, die sich durch unvergleichliche Schönheit auszeichnet; überhaupt bildet die Chestnut Straße von der Neunten bis zur Elften eine ununterbrochene Reihe der schönsten Häuser und brillantesten Läden.

An der Nordwestecke der Zehnten und Chestnut Straße nimmt ein riesiger Bau unsere Aufmerksamkeit auf's Neue in Anspruch. Es ist dies das Gebäude der „Mutual Life Insurance Company" (Gegenseitigen Lebensversicherungs-Gesellschaft) von New York. Es ist aus Granit erbaut und ebenso majestätisch als in seinen architektonischen Formen äußerst imposant.

„Girard Row" an der Nordseite der Chestnutstraße zwischen der Elften und Zwölften, zeigt wiederum prachtvolle Läden, unter welchen C. F. Hasseltine's große und sehenswerthe Kunstgallerie sich besonders auszeichnet.

No. 1122 steht das Gebäude der Amerikanischer Sonntagsschul-Union. Als dasselbe im Jahre 1854 erbaut wurde, stand es vereinzelt da, heute befindet es sich im Mittelpunkte des Geschäftsverkehrs. Dieses

Der alte Freimaurertempel.

ist das Hauptquartier und die Centraloffice der genannten Gesellschaft, deren Zweige sich über das ganze Erdenrund ausbreiten; indeß deren Missionäre den Wirkungskreis dieses Institutes noch immer weiter ausdehnen. In 1817 gegründet und 1824 incorporirt unter dem Namen, welchen dasselbe jetzt trägt, hat es eine reiche und nützliche Wirksamkeit durch die Belehrung und sittliche Erhebung des Volkes entfaltet.

An der Südwestecke der Zwölften und Chestnut Straße sehen wir wiederum ein großes Gebäude, in dessen unterm Stockwerk der überaus prachtvolle Juwelenladen von Bailey und Co. das Interesse des Vorübergehenden in Anspruch nimmt. Derselbe zeichnet sich vor allen ähnlichen Geschäften der Stadt durch seine Eleganz sowohl, als durch die Vorzüglichkeit der darin ausgestellten Schmuckwaaren aus. Er hat eine Front an der Chestnut Straße von 44 Fuß, und 240 Fuß an der Zwölften Straße. Das Verkaufslokal hat eine Höhe von 29 Fuß. Dieses Gebäude wurde von Dr. F. S. White erbaut, und wird von ihm auch mit Ausnahme des untern Geschosses benutzt zur Anfertigung künstlicher Zähne, zahnärztlichen Instrumenten u. s. w., in welch' besondern Zweige er das größte derartige Geschäft in der Welt begründet hat. Zweige seines Geschäftes befinden sich in New York und Chicago.

Nachdem wir auf unserer Weiterwanderung das neue und geschmackvolle Chestnut Straßen Theater und die Concerthalle passirt haben, gehen wir über die Dreizehnte Straße und langen bei der Vereinigten Staaten Münze an.

Dieses Gebäude wurde durch einen Act des Congresses im Jahre 1829 geschaffen, ist im jonischen Styl erbaut nach dem Muster eines Tempels zu Athen. Das Baumaterial ist Backstein; aber das ganze Gebäude ist mit Marmorplatten belegt.

Das Continental Hotel.

Besucher werden täglich vor zwölf Uhr Mittags zugelassen, mit Ausnahme des Sonnabends und Sonntages. Das Münzkabinet enthält eine sehr reiche Sammlung Münzen aller Zeiten und Nationen und kein Fremder sollte verfehlen diesem Institute einen Besuch abzustatten.

Gegenüber der Münze befindet sich das neue prachtvolle Gebäude der Presbyterian Board of Publication (Buchanstalt der Presbyterianer Kirche) welche eine äußerst geschmackvolle Front von weißem Granit und hell polirten Aberdeen Steinen zeigt.

Nachdem wir die Broadstraße überschritten haben, finden wir noch einige prächtige Häuser, welche geschäftlichen Zwecken dienen, dann aber befinden wir uns am Ende des Geschäftstheiles der Chestnut Straße; dennoch wollen wir unsere Aufmerksamkeit noch einigen Gebäulichkeiten schenken, welche über diese Grenzen hinaus liegen.

An der Südwestecke der Fünfzehnten und Chestnut Straße erhebt sich das sieben Stockwerk hohe Colonnade Hotel, welches in Folge seines hellen Anstriches einen überaus freundlichen Anblick gewährt. An der Hauptstraße Philadelphia's gelegen, und dennoch dem geräuschvollen Getümmel des Geschäftslebens entrückt, empfiehlt es sich Denjenigen, welche die behagliche Ruhe dem lärmenden Treiben der Geschäftsviertel vorziehen. Seinen Namen erhielt es von einer Reihe schöner mit Säulen verzierter Häuser, welche vor wenigen Jahren abgerissen wurden um ihm Platz zu machen.

Dem Colonnade Hotel gegenüber wird an der Südostecke der Fünfzehnten und Chestnut gegenwärtig ein Bau errichtet, welcher zu den schönsten Zierden dieses Stadttheils gezählt werden darf. Es ist dieses das Gebäude des „Christlichen Jünglingsvereins" dessen Aufgabe es ist, christliches Leben zu erwecken und zu

Eine Scene an der Chestnut Straße.

ördern. Das Erdgeschoß wird zu Läden eingerichtet, woraus ersichtlich ist, daß das Geschäftsleben sich allmählich noch immer westwärts drängt.

Vom Colonnade Hotel ziehen sich nun an beiden Seiten der Chestnut Straße ganze Reihen stattlicher Wohnhäuser bis zum Schuylkill hin, über welchen eine schöne dauerhafte Brücke nach West Philadelphia führt.

Eine andere Brücke, welche von der Southstraße über den Schuylkill führt, liegt etwas weiter südlich, und hat eine Länge von 2419 Fuß, und noch weiter südlich von dieser überspannt eine Eisenbahnbrücke den Fluß.

So unansehnlich und verödet die Regionen fast den ganzen Schuylkill Fluß entlang zur Zeit sein mögen, so lassen alle Anzeichen darauf hindeuten, daß er nicht all zu ferner Zeit dieser Fluß eine der großen und Hauptlebensadern der gewaltigen Metropole zu werden bestimmt ist. Der Fluß ist tief genug um Fregatten den Eingang zu gestatten, und breit genug um die Anlage von Werften und Waarenhäusern an beiden Seiten zu ermöglichen.

Zur Zeit befinden sich an seinen Ufern mehrere Kohlen- und Steinhöfe. Der Schuylkill Canal bringt eine beträchtliche Anzahl von Booten mit Kohlen beladen von den Minen aus den Kohlendistrikten, doch das ist auch Alles auf welches sich bis jetzt der Commers dieses Flusses erstreckt; allein wie gesagt, es erwartet seiner eine große Zukunft. Jedenfalls bietet er für die bevorstehende Weltausstellung die günstigste Gelegenheit als eine Zufuhrlinie, was nicht wenig dazu beitragen wird, seine wahre

Amerikanische Sonntagsschul-Union.

Bedeutung für Handelsinteressen in ein helles Licht zu setzen. Schon jetzt bietet der Schuylkill nahe seiner Mündung ein höchst belebtes Bild dar, denn dort befinden sich die Werfte der internationalen Dampfschiff-Compagnie und ihr großer Getreidespeicher (Elevator), an welchem nicht selten zehn bis zwölf große Seeschiffe und mehrere Ocean-Dampfer zu gleicher Zeit Getreide laden. Die Bedeutung der erwähnten Anlagen am Schuylkill für den Handelsverkehr von Philadelphia kann nicht hoch genug geschätzt werden, und der sehr günstige pekuniäre Erfolg, welchen sie bisher gehabt haben, wird ohne Zweifel zu ihrer Erweiterung und zu dem Bau anderweitiger ähnlicher Anlagen am Schuylkill führen. Ein besonderer Umstand tritt für diese Lokalität sehr günstig, speziell während der Winterzeit, hervor.

Etwa vier Meilen oberhalb der Mündung des Schuylkill in den Delaware, macht nämlich der letztere

Gebäude der „Mutual Life Insurance Company von New York."

eine scharfe Biegung, welche der "Horse-Shoe" (das Hufeisen) genannt wird, und in welchem während sehr strenger Winter nicht selten Eisstopfungen vorkommen, die den Schiffahrtsverkehr beträchtlich hemmen. Nun ist zwar, seitdem die Stadt drei mächtige Dampfboote speziell für den Zweck, das Eis zu durchbrechen, hat bauen lassen, niemals das Fahrwasser nach Philadelphia versperrt gewesen, aber bis zur Mündung des Schuylkills können die größten Schiffe auch in strengen Wintern fast immer ohne Hülfe der Eisboote gelangen. Die etwa sieben Meilen lange Fluß-Fronte des Schuylkill von der Chesnutstraßen-Brücke bis zu seiner Mündung wird vielleicht in wenigen Jahren schon ein Bild des belebtesten Handelsverkehrs darbieten, da, wie bereits schon bemerkt, große Kauffartheischiffe den Fluß auf dieser langen Strecke befahren können, und die Ufer zur Anlegung von Werften sich vortrefflich eignen. Die Ausdehnung der

Stadt in südlicher Richtung schreitet mit schnellen Schritten vorwärts, und je mehr das geschieht, desto mehr muß auch die Bedeutung des Schuylkill für den Handelsverkehr der Stadt zur Geltung kommen. Von anderen großartigen Geschäfts Etablissements, die am Schuylkill unterhalb des Dammes der Fairmount Wasserwerke, wo Boote, welche den Fluß hinauffahren, die erste Schleuse passiren, sind vor Allem

Haseltine's Kunstgallerie.

die großen Viehhöfe der Pennsylvania Eisenbahn-Compagnie zu erwähnen. Mit denselben sind große Schlachthöfe verbunden, und die Einrichtungen sind den besten ähnlicher Institute der großen Städte Europa's nachgebildet, aber noch erheblich verbessert worden. Durch die große Ausdehnung und die vortrefflichen Einrichtungen dieses Viehhofes hat auch nach außen hin der Viehhandel von Philadelphia beträchtlich zugenommen.

Nachdem man die Chestnut Straßen Brücke überschritten, bietet die Straße für eine Strecke lang dem Auge nichts besonderes; dann aber ändert sich die Scene; wir gerathen in ein Viertel, welches uns fast vergessen läßt, daß wir uns in einer Stadt befinden. Prachtvolle Villas und Landhäuser folgen auf einander, bis wir schließlich in den Stadttheil gelangen, welcher vorerst nur auf dem Stadtplane zu sehen ist.

Die beigefügte Skizze der Villa des Banquier A. J. Drexel an der Neunundreißigsten und Walnut Straße veranschaulicht uns den Baustyl, welcher in dieser Gegend sowohl als in andern Vorstädten Philadelphias vorherrschend ist.

Dieser Stadttheil ist gänzlich neu, und erfreut sich eines außerordentlich raschen Fortschrittes. In der Gegend der Chestnut, Walnut und Locust Straßen befinden sich großentheils die oft palastähnlichen Wohnungen der Aristokratie und der Kaufmannswelt. Ueberhaupt ist alles Grundeigenthum hier in den Händen dieser Persönlichkeiten, die denn auch keine Mittel scheuen, dasselbe ihrem Reichthum und ihrer Liberalität entsprechend, mit fürstlicher Pracht einzurichten, und sich mit allem Glanz und Luxus zu umgeben, dessen für Geld habhaft zu werden ist.

Man kann die immensen Hülfsquellen, welche Amerika dem Unternehmungsgeist und der Energie in allen Bernsen des Lebens darbietet, dem Fremden so recht anschaulich machen, wenn man ihn in diesen Stadttheil führt, und ihn mit der Vergangenheit und den Erlebnissen der Besitzer der prachtvollen Villas und Landhäuser bekannt macht. Auch in den großen Städten Europa's giebt es wohl solche Stadtviertel, aber sie werden, wenn nicht ausschließlich so doch überwiegend bewohnt von den Mitgliedern einer Aristokratie, die nicht eigenem Verdienste, sondern nur dem Zufalle aristokratischer Geburt ihre bevorzugte Stellung und ihren Reichthum verdanken. Wie ganz anders ist das hier. Die meisten Besitzer jener prächtigen Wohnungen verdanken ihre hervorragende Stellung und ihren Reichthum nur ihrer eigenen Tüchtigkeit, ihrem Fleiße und ihrer Strebsamkeit. Viele von ihnen haben ihren Lebenslauf unter sehr bescheidenen Umständen begonnen und rüstig schaffen müssen, bis sie sich so hinaufgearbeiteten. So glänzende Erfolge sind keineswegs auf bestimmte Lebensberufe beschränkt; im Gegentheil findet man sie unter allen. Der Fabrikant, der Kaufmann, der Handwerker, der Arzt, der Advokat, und alle anderen participiren daran. Das ist wohl auch ein Hauptgrund, warum der reiche Mann nicht so den Neid seiner minder glücklich situirten Mitbürger auf sich zieht, wie es im alten Lande der Fall ist, denn man weiß, daß er auch einst mit widrigen Verhältnissen, ja vielleicht mit Armuth zu kämpfen hatte, und daß so gut wie ihm, auch jedem Anderen, der frisch anfaßt, der Weg zum Glücke offen steht.

Zwölfte und Chestnut Straße. Dr. S. S. White's Gebäude.

Unter die besondern Merkwürdigkeiten dieses Stadttheils sind die Gruppen der neuen Gebäude der Universität von Pennsylvanien zu zählen. Dieses Institut wurde im Jahre 1744 als eine einfache Akademie etablirt, im Jahre 1750 in ein College, und 1779 in eine Universität umgewandelt. Anfänglich befand es sich an der Vierten unterhalb der Arch Straße, wurde aber in 1798 nach der Neunten Straße verlegt, woselbst es bis zum Jahre 1872 verblieb. Da die bisherigen Gebäude längst nicht mehr ihren Zwecken genügten, so wurde zur Errichtung der neuen Gebäude an der Sechsunddreißigsten und Darby Road geschritten, welche im September 1872 feierlich eröffnet wurden. Unter allen Universitätsgebäuden in den Vereinigten Staaten nehmen sie in jedweder Beziehung den höchsten Rang ein.

Die Universität begreift die folgenden Departements in sich: Das akademische, collegialische, medicinische und juristische. Als Professoren stehen an ihrer Spitze die hervorragendsten Männer des Staates. Für das Departement der Künste und Wissenschaften hat das Directorium der Universität ein eigenes Gebäude errichtet, welches auf einem sechs Acker großen freien Platze steht, zweihundert und sechzig Fuß Front und über einhundert Fuß Tiefe hat, und den besondern Wissenschaften, welche darin gelehrt werden, ent-

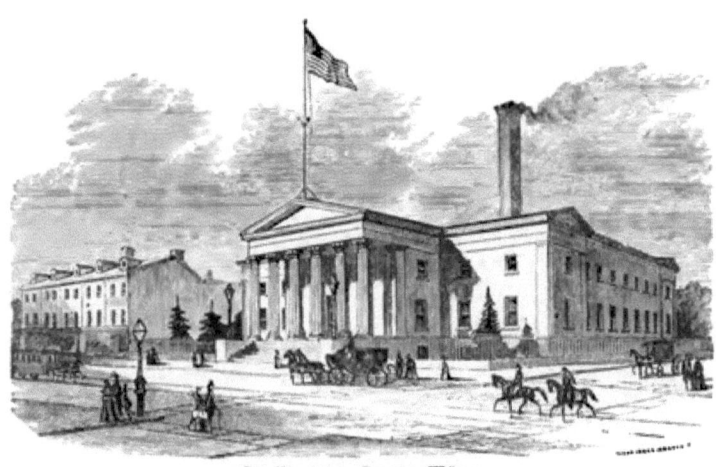

Die Vereinigte Staaten Münze.

sprechend eingerichtet ist. Die Studirenden in diesen beiden Zweigen stehen unter gemeinschaftlicher Aufsicht und Disciplin, und sind stets in Verbindung mit einander. Der Unterricht in den verschiedenen Zweigen aber steht unter der respectiven Leitung der bezüglichen Fakultäten. Sowohl die Lehrgegenstände als Lehrmethode unterscheiden sich wesentlich.

Das juristische Departement befindet sich ebenfalls in genanntem Gebäude, während dem medicinischen Departement ein besonderes Gebäude gewidmet ist. Dasselbe ist ebenfalls mit allen möglichen Einrichtungen versehen, welche zu einer großartigen Lehranstalt ersten Ranges gehören.

Das Colonnade Hotel.

Das Reform Clubhaus an der Chestnut und Fünfzehnten Straße.

Ein drittes ebenfalls imposantes Gebäude, welches dieser Gruppe angehört, ist das Hospital, welches unter der Controlle der medicinischen Fakultät steht. Dasselbe giebt den Studirenden reiche Gelegenheit

Neunundreißigste und Walnut Straße.

Die Universität von Pennsylvanien. Departement der Künste und Wissenschaften.

sich praktisch auszubilden. Das Hospital ist groß genug um 200 Kranke aufzunehmen. Unbemittelte Personen finden hier unentgeltlich Behandlung und Arzenei. Besondere bequem und entsprechend ausge-

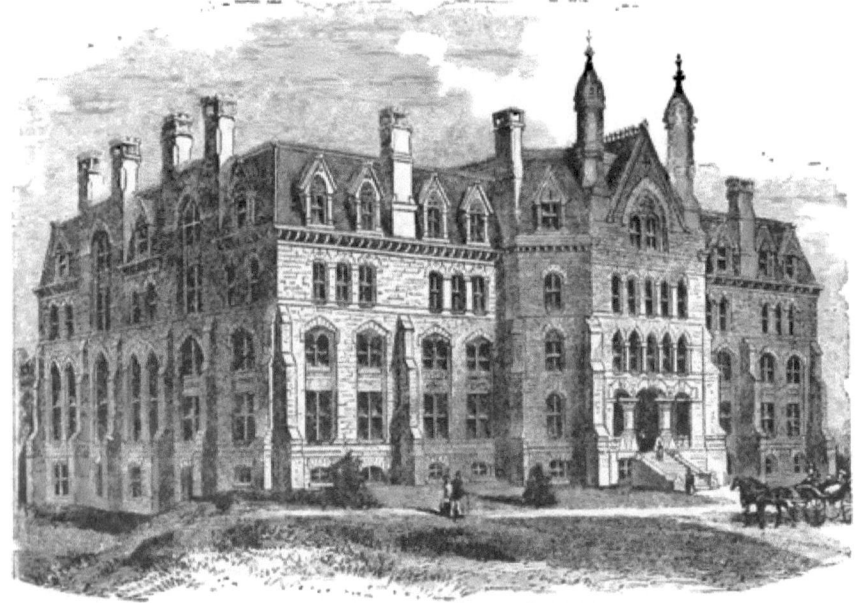

Die Universität von Pennsylvanien. Das medicinische Departement.

Die Universität von Pennsylvanien. Das Hospital.

stattete Zimmer sind ebenfalls vorräthig für wohlhabendere Patienten, welche bezahlen können.

In Verbindung mit dem soeben beschriebenen Institute wollen wir beiläufig auch noch des Jefferson medicinischen College Erwähnung thun. Dasselbe steht an der Zehnten Straße unterhalb der Chesnut, und ist ebenfalls mit allem versehen, was den Unterricht fördert. Da jedoch auch dieses Gebäude für seine Zwecke unzulänglich geworden ist, so hat das betreffende Directorium beschlossen ein größeres zu errichten.

Das Jefferson College ist nicht nur eins der ältesten, sondern auch der berühmtesten medizinischen Hochschulen in den Vereinigten Staaten, und sein Name hat seit langer Zeit schon bei allen bedeutenden Universitäten Europa's einen guten Klang. Es ist das speziell der Fall in Bezug auf die Chirurgie, indem so lange das College besteht, die bedeutendsten Operateurs, Mitglieder seiner Fakultät waren, und es noch sind. Durch die kürzlich erfolgte Etablirung eines Hospitals in Verbindung mit dem Jefferson College, welches von der Staats-Legislatur mit reichen Mitteln für diesen Zweck dotirt wurde, hat dasselbe eine noch größere Bedeutung wie zuvor erlangt.

Die medizinischen Hochschulen von Philadelphia erfreuen sich, so lange sie bestehen, des Rufs der ausgezeichnetsten Lehrstätten für Heilkunde in den Vereinigten Staaten zu sein. Sie überragen alle anderen medizinischen Colleges des Landes, und willig wird ihnen auch der Vorrang vor allen andern zugestanden. Die berühmtesten Aerzte sind aus ihnen hervorgegangen, und unter den gegenwärtigen Professoren giebt es nicht wenige, die auch von den hervorragendsten Universitäten Europa's als medizinische Celebritäten anerkannt sind. Die in der letzten Zeit der Pennsylvania Universität und dem Jefferson College so reichlich zugeflossenen Dotirungen haben diese Institute in Stand gesetzt ihre so ersprießliche Wirksamkeit noch bedeutend zu vergrößern.

Erwähnt mag bei dieser Gelegenheit noch werden, daß Philadelphia auch eins der vorzüglichsten pharmaceutischen Collegien des Landes besitzt.

Die Walnut Straße.

Die Walnut Straße, einen Square südlich von der Chestnut und mit dieser vom Osten bis zum Westen der Stadt parallel laufend, trägt ebenso wie die übrigen Straßen ihr eigenes Gepräge. Im östlichen Theil derselben bis zur Fünften ist der Kohlenhandel vorherrschend. Ebenso haben eine Anzahl Lebens-Versicherungsgesellschaften ihren Sitz hier aufgeschlagen. Der Anthracite Kohlen Handel der Lehigh und Schuylkill Regionen, welcher in der einheimischen Industrie Pennsylvanien's eine sehr bedeutende

Das Gebäude der Pennsylvania Eisenbahngesellschaft.

Rolle spielt, ist es vor allen andern, der sich in einem riesigen vierstöckigen Gebäude von Braunstein an der Ecke der Zweiten und Walnut Straße, centralisirt. Dieses Gebäude, bekannt unter dem Namen „Anthracite Block" enthält eine Unmasse Büreaus verschiedener Firmen, die sich ohne Ausnahme dem Kohlenhandel widmen.

Zwischen der Zweiten und Dritten Straße wird die Walnut in diagonaler Richtung von der Dock Straße gekreuzt und auf einem hierdurch entstandenen rechtwinkeligen Platze erhebt sich die Börse (Exchange) ein palastartiger Bau von pennsylvanischem Marmor, eine der schönsten Zierden Philadelphia's

Delaware Mutual Safety Insurance Company.

und mit Recht von allen Fremden bewundert. Die große Rotunde in diesem Gebäude wurde erst vor Kurzem noch restaurirt und für den Gebrauch der Kaufmannswelt mit fürstlicher Pracht ausgestattet.

An der Südostecke sehen wir das Gebäude der Delaware Mutual Safety Insurance Company. Zur Zeit seiner Erbauung vor etwa zwanzig Jahren war es eines der schönsten Gebäude dieses Stadttheils.

Das Gebäude der Reading Eisenbahngesellschaft.

Das Gebäude des Philadelphia Saving Fund.

Die Office der Sunday Dispatch (der ältesten und am meisten gelesenen Sonntagszeitung) passirend, gewahren wir eine fast ununterbrochene Reihe von Kohlen-Officen bis zur Vierten Straße, wo wir um die Ecke gehend in die ebengenannte Straße einbiegen um die imposanten Gebäude der Pennsylvania sowie der Philadelphia und Reading Eisenbahngesellschaften zu besichtigen.

Das erstere dieser Gebäude wurde in den Jahren 1871—72 erbaut. Es ist von Backsteinen mit einer prächtigen Front von Quincy Granit aufgeführt und entspricht in seinen wahrhaft collossalen Dimensionen

Ost Rittenhouse Square.

Philadelphia und seine Umgebung.

ganz dem Charakter der Gesellschaft deren Eigenthum es ist, und die eine größere Meilenzahl von Eisenbahngeleisen eignet und beherrscht als irgend eine andere Gesellschaft in der Welt.

Das Gebäude der Reading Eisenbahngesellschaft, von dem ebengenannten nur durch ein enges Gäßchen getrennt, wurde im Jahre 1871 derart vergrößert und restaurirt, daß man es füglich als ein neues betrachten kann. Die Eisenbahn dieser Gesellschaft, als die zweit wichtigste im Staate, beherrscht und eignet größtentheils die reichen und ergiebigen Kohlenlager in den mittlern und südlichen Regionen und bringt durchschnittlich Fünf Millionen Tonnen jährlich in den Markt. Im Jahre 1870 erwarb diese Gesellschaft käuflich das Eigenthumsrecht der Germantown und Norristown Eisenbahnen und befördert auf ihren Gesammtbahnen jährlich eine sehr beträchtliche Anzahl Passagiere.

Die Walnut Straße entlang gehend, passiren wir den zwischen der Fünften und Sechsten Straße rechter Hand liegenden Independence Square. Er ist klein im Vergleich mit den übrigen bereits erwähnten, und obschon mit hohen Schattenbäumen bewachsen, ist der Grund von den, den Square nach allen Richtungen durchwandernden Füßen hart getreten, und trägt in Folge dessen wenig an sich, was ihn parkähnlich erscheinen ließe.

Einundzwanzigste und Walnut Straße.

Anders ist es mit dem ihm in diagonaler Richtung gegenüber liegenden Washington Square, dessen bereits ausführlich gedacht ist.

An der Außenseite dieses Squares, der Siebenten Straße gegenüber, die hier einen kurzen Umweg um denselben zu machen hat um an der Südseite wieder in ihre natürliche Richtung zu biegen, steht eine Trinkfontaine über welcher auf einem Globus stehend ein aus Stein gehauener Adler seine Schwingen ausbreitet, um symbolisch anzudeuten daß dieses die erste von den nun zahlreichen öffentlichen Trinkfontainen ist, womit eine Gesellschaft von Menschenfreunden, die sich eigends deßhalb organisirt hat, sich bereits der Dankbarkeit tausender von durstigen Menschen versichert hat.

Diese Gesellschaft organisirte sich im Februar 1869 und errichtete die erste Fontaine im darauffolgenden April. Von jener Zeit bis zum Schlusse des Jahres 1874 wurden durch dieselbe wie auch auf deren Veranlassung dreiundsiebenzig solcher Fontainen errichtet. Obschon manche derselben von einzelnen Persönlichkeiten, oder von Gesellschaften, die sich dieses nicht als besondern Zweck vorgesetzt haben, errichtet wurden, so war es doch stets auf Anregung und durch Einfluß der besagten Gesellschaft.

Der folgende Auszug aus dem Bericht der Gesellschaft von 1874 giebt uns etwa einen Begriff von der Bedeutung ihrer Wirksamkeit. Hier haben wir eine genaue Uebersicht über die Anzahl der Menschen und

Pferde welche aus zehn unserer Fontainen in zwölf aufeinander folgenden Stunden getrunken haben, nämlich 4,885 Personen und 1,831 Pferde, welches als Durchschnittzahl genommen, auf die jetzt existirenden 73 Fontainen auf 12 Stunden 35,660 Personen und 13,366 Pferde ergeben würde.

Noch ein anderes wohlthätiges Institut, dessen Interesse nach commerciellen Gesetzen beiden Theilen zu Gute kommt, ist die Philadelphia Saving Fund Society (Sparkasse) an der Südwestecke der Walnut und Siebenten Straße. Es ist das älteste und beste Institut seiner Art; gegründet in 1816 und incorporirt im Jahre 1819. Mit Ausnahme der Unkosten seines Betriebs werden die erworbenen Gelder im Interesse der Deponenten verwandt. Von einem geringen Anfange ausgehend ist dieses Institut durch gesunde Geschäftstactic zu einer solchen Blüthe gediehen daß es gegenwärtig neunundreißig tausend Deponenten zählt, deren eingelegte Gelder jährlich die Summe von zehn Millionen Dollars erreichen.

Weiter als bis zu diesem Punkte hat sich der Commers an dieser Straße noch nicht vorgedrängt. Von

Zweiundzwanzigste und Walnut Straße.

hier aus erstrecken sich an beiden Seiten die Reihen gut und substantiell gebauter Wohnhäuser, deren äußeres Gepräge auf soliden Wohlstand und behaglicher Ruhe im Innern deuten, bis fast an den Schuylkill.

An der Achtzehnten und Walnut befindet sich der stets gut gepflegte Rittenhouse Square, mit geschmackvollen und kostspieligen Trinkfontainen (Geschenke reicher Menschenfreunde) geschmückt.

Die Gebäude die diesen Park umgeben gehören zu den geschmackvollsten und kostbarsten der Stadt und bilden eines der Hauptviertel der Aristokratie. Als ganz besonders sich unter denselben auszeichnend, sind die Gebäude des Herrn Joseph Harrison Jr. zu nennen, deren Frontansicht unserm Texte beigefügt ist.

Unsere beigefügten Illustrationen zeigen uns ferner zwei der schönsten Wohnhäuser an der Walnut Straße. Das erste derselben gehört Herrn John Rice, dem Baumeister des Continental Hotel und mehrerer anderer hervorragender Gebäude. Es steht an der Einundzwanzigsten und Walnut Straße, ist aus weißem Lee Marmor und zwar im italienischen Styl erbaut. Das andere ist das Wohnhaus des bereits erwähnten Herrn Georg W. Childs, des Eigenthümers und Herausgebers des Public Ledger.

Die Arch Straße.

Die Arch Straße liegt einen Square nördlich von der Market Straße und läuft gleich der Chestnut und Walnut vom Delaware an westwärts, und parallel mit diesen Straßen. Obschon sie eine breite schöne Straße ist, so haben Handel und geschäftliche Betriebsamkeit hier noch lange nicht so große Fortschritte gemacht als in der Market und Chestnut Straße. Sie imponirt uns nicht durch 'n die Augen fallenden

Arch Straße zwischen der Siebenten und Achten.

Reichthum prachtvoller Gebäude wie die Chestnut Straße, obschon es auch ihr nicht an solchen fehlt, oder durch das geräuschvolle Treiben des Großhandels wie die Market Straße; aber dennoch trägt sie einen eigenthümlichen Charakter, gänzlich verschieden von dem aller übrigen Straßen. Der Eindruck den wir empfangen sobald wir die Arch Straße betreten ist ein solcher, der uns in Gedanken um ein halbes

Jahrhundert zurückversetzt, daß wir fast meinen, hier oder da aus den substantiellen gleichförmigen Backsteinhäusern mit ihren Marmorstufen und grünen Läden, eine behäbige Figur mit gepuderter Perücke, Kniehosen und den Dreimaster auf dem Haupte, herauszutreten zu sehen. Diese Gleichförmigkeit, welche wir vorzugsweise in der Arch Straße gewahren, und die auch vielfach Nachahmung in den übrigen Straßen gefunden hat, mag satirische Schriftsteller veranlaßt haben, Philadelphia als eine durchaus gleichförmige Stadt zu beschreiben.

Vom Delaware (von wo wir eine ziemliche steile Anhöhe zur Front Straße zu ersteigen haben) kommend verweilen wir natürlich einige Minuten vor der bereits beschriebenen Gitterthür des Christuskirchen Fried-

Das Arch Straßen Theater.

hofes an der Arch und Fünften, um einen Blick auf die letzte Ruhestätte Benjamin Franklin's zu werfen. Zwischen der Dritten und Vierten befindet sich das Hauptversammlungslokal der Quäkersecte, das mit seinem geräumigen, von Bäumen beschatteten Hofraum, an die „gute alte Zeit" erinnert, als Grundstücke billig und Steuern leicht waren. Dieses Haus war im Jahre 1808 erbaut worden und diente den Quäkern seither als Versammlungsort ihrer gottesdienstlichen Uebungen. William Penn und seine Genossen schon gehörten dieser Gemeinde an, welche bereits im Jahre 1695 ein Versammlungslokal an der Zweiten und High (jetzt Market) Straße auf einem von George Fox geschenkten Grundstücke errichtet hatten. Groß wie dieses Haus war, erwies es sich späterhin doch als ungenügend, und so wurde es im Jahre 1755

Philadelphia und seine Umgebung.

abgerissen um ein größeres zu errichten, und als im Jahre 1808 das geräuschvolle Treiben der zunehmenden Bevölkerung und commerciellen Lebens an der Market Straße zu störend wurde, flüchtete sich die Gemeinde in die stille Einsamkeit an der Arch Straße, wo sie heute noch ihre Zusammenkünfte hält.

Eine kurze Strecke oberhalb der Sechsten Straße passiren wir das Arch Straßen Theater, ein äußerst beliebtes Schauspielhaus und hinsichtlich seiner Architektur das anziehendste der Stadt. Auch die innere Einrichtung ist vorzüglich und elegant. Der Zuschauerraum hält ungefähr 1800 Personen und die Bühne ist siebenundsechzig Quadratfuß groß, bei einer Höhe von dreißig Fuß. Es hat eine Marmorfaçade und ist eine Zierde der Stadt.

Das St. Cloud Hotel.

Einen weitern Square westlich, gelangen wir an das St. Cloud Hotel, einem stattlichen Gebäude mit vorzüglich innerer Einrichtung, welche unter einer tüchtigen Verwaltung sehr populär geworden ist und dem Publikum in diesem Geschäftstheile der Stadt besondere Bequemlichkeiten bietet.

Weiter gehend sehen wir an der Nordwestecke der Neunten und Arch das Museum — und oberhalb der Zehnten Straße Simmon's und Slocum's Opernhaus.

Gegenüber den Letztern ist die Verlagshandlung der Methodisten Kirche, das Mecca methodistischer Pilgrimme, und an der Arch und Broad Straße stehen die prachtvollen Kirchen, von welchen in einem andern Abschnitte die Rede sein wird. Ueber den noch folgenden Theil der Arch Straße ist schon zu Eingang dieses Abschnittes ge sprochen worden. Erwähnt werden mag noch die an der Achtzehnten und Arch Straße belegene prachtvolle und große Presbyterianerkirche, ein moscheeartiges Gebäude mit orientalischen Kuppeln und Minaretten.

Die Broad Straße.

Ansicht von League Island.

Diese Straße, über welche bereits gesprochen worden ist, hat eine große Zukunft vor sich, denn sie ist bestimmt in nicht allzu ferner Zukunft die prächtigste und großartigste auf dem amerikanischen Continente zu werden. Sie beginnt bei League Island, eines flachen Landstriches am Zusammenflusse des Delaware und Schuylkill, welchen die Stadt Philadelphia vor einigen Jahren der Bundesregierung schenkte behufs Errichtung eines Marine Depots, für welches sich dessen Lage vorzüglich eignet. Der Marine-Minister spricht sich in seinem Berichte von 1871 folgendermaßen über die Vortheile aus welche League Island bietet:

„Ein Marine-Depot, von solchem Umfange, inmitten unserer großen Kohlen- und Eisen-Regionen, unsern eigenen Schiffen so leicht zugänglich, im Falle einer feindlichen Invasion aber mit verhältnißmäßig geringen Mitteln unzugänglich gemacht, mit frischem Wasser zur bessern Erhaltung eiserner Schiffe, und umgeben von dem tüchtigen Arbeitsmaterial einer unserer größten Fabriksstädte, wird dem Lande von unberechenbarem Nutzen sein."

Bis dahin ist League Island noch verhältnißmäßig wenig für den Zweck dem es dienen soll angebaut, jedoch schon genug um zu ermessen was in der Zukunft noch geschehen wird. Ein Werft, groß genug um die größten Schiffe aufzunehmen, ist gebaut; ein Retrutirungsschiff nebst zwei oder drei andern Schiffen sind daselbst stationirt, indeß ein Kanal der zwischen der Insel und dem Festlande hinläuft, eine Flotte von Monitors in seinem stillen Wasser aufnimmt.

Passirt man diesen Kanal vermittelst einer Zugbrücke so befindet man sich am äußersten südlichen Ende der Broad Straße, die hier durch einen flachen, theils sumpfigen Landstrich führt, der theils aus Farmen theils aus Sümpfen besteht, bis vereinzelte Häuser und endlich ganze Häuserreihen dem Wanderer verkünden daß er die Stadt erreicht hat.

Die Stadt wächst nur langsam in diesem Stadttheile; hauptsächlich dehnt sie sich nördlich und westlich aus, aber der Einfluß den League Island üben wird, dürfte Veranlassung geben daß die Stadt hier sich auch nach den andern Gegenden ausbreiten wird.

Das erste Gebäude von Bedeutung, welches wir auf unserer Wanderung nördlich erblicken, ist das Baltimore Depot an der Broad und

Prime Straße. Wir bedienen uns in diesem
Werkchen der familiärsten Benennungen solcher
öffentlichen Gegenstände von Wichtigkeit, die
dem Fremden von Interesse sein mögen. Das
Baltimore Depot ist, um ihm seinen eigentlichen Titel zu geben, der Bahnhof der Philadelphia, Wilmington und Baltimore Eisenbahn; allein dieser Name ist zu lang, und aus
demselben Grunde verweist man den Nachfra-
genden an die unbekannte Prime Straße, deren
Name bereits seit einem Vierteljahrhundert in
„Washington Avenue," an welcher der Bahnhof steht, ungeändert ist. Man gelangt zu
Letzterm mittelst der Dreizehnten und Fünfzehnten Straßen Stadteisenbahn, und den
grün angestrichenen Wagen der Union Linie,
welche letztere die Siebente Straße entlang
laufen. Eine Anzahl prachtvoller Kirchen,
welche der beschränkte Raum dieses Werkchens
nicht gestattet einzeln zu beschreiben, fesseln die
Aufmerksamkeit des Vorübergehenden.

An der Ecke der Pine passiren wir das
Taubstummen-Institut, eine Wohlthätigkeits-
anstalt, welche im Jahre 1821 vom Staate
Pennsylvanien incorporirt wurde, und auf
dessen Kosten unterhalten wird. Auch die
Staaten Maryland, Delaware und New Jersey haben Vorkehrungen getroffen, um ihre
Taubstummen in dieser Anstalt, der besten
seiner Art im Lande, unterrichten zu lassen.

Die Beth-Eden Kirche.

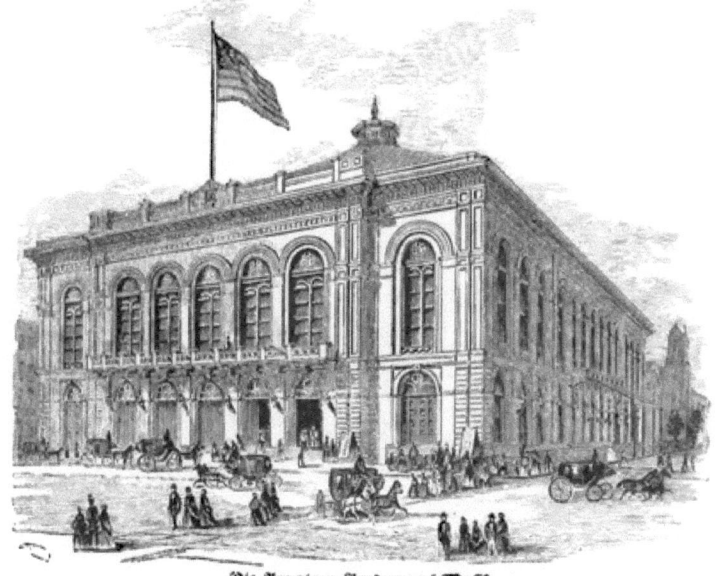

Die American Academy of Musik.

Die Hortikultur Halle.

Einen Square weiter nördlich von ebengenannter Anstalt, passiren wir die massive und imposante Beth-Eden Kirche der Baptisten-Denomination, und eine der schönsten an der Broad Straße. Von hier an folgt ein hervorragendes und merkwürdiges Gebäude auf das andere, und sie halten fortwährend das Interesse des Besuchers wach.

Unmittelbar oberhalb der Beth-Eden Kirche befindet sich die Horticultur Halle, die auserwählte Heimath der Horticulturgesellschaft von Pennsylvanien, das älteste und vorzüglichste Institut dieser Art in den Vereinigten Staaten von Nordamerika. Es wurde im Jahre 1827 gegründet. Die genannte Gesellschaft erfreute sich stets einer großen Popularität. Dieselbe hielt ihre ersten jährlichen Blumen- und Früchte-Ausstellungen in Peale's Museum, später unter einem großen Pavillonzelte in einem der öffentlichen Squares. Diese Ausstellungen gehörten zu den fashionablesten, die man in Philadelphia abhielt. Selbst bis auf den heutigen Tag, wo dem Publikum in Bezug auf Ausstellungen und sonstigen Unterhaltungen so außerordentlich viel geboten wird, haben die der Horticulturgesellschaft noch immer ihr besonderes Interesse für das Publikum, wie das der massenhafte Besuch derselben auf's unwiderlegbarste bezeugt.

Die neue Academie der Naturwissenschaften.

Die „Amerikanische Academie der Musik" ist das nächste Gebäude oberhalb der Hortikulturhalle, und an der Broad und Locust Straße belegen. Es ist das größte Opernhaus in Amerika und eines der größten in der Welt. Es wurde am 26. Januar 1857 mit dem großartigsten Balle eröffnet, den Philadelphia jemals gesehen hat. Seit jener Zeit war es der beliebteste Platz in der Stadt bei allen Sängern und Schauspielern, sowohl des In- wie des Auslandes, welche in Amerika auftraten. Es ist im italienisch-byzantinischem Styl erbaut. Der Zuschauerraum, welcher die Form eines Hufeisens hat, ist über 100 Fuß lang bei 90 Fuß Breite, 70 Fuß Höhe und hat 3000 Sitzplätze; im Nothfalle aber auch noch 600 Stehplätze. Die innern Einrichtungen sind vorzüglich, indeß die akustischen Eigenschaften bei allen, die hier auftraten, den größten Beifall fanden. Das Gebäude, wel-

Das Union League Haus.

ches an seiner Hauptfront an der Broadstraße 140 Fuß, und an der Locust Straße 268 Fuß mißt, ist aus

Das La Pierre Haus.

Backsteinen errichtet, und hat an dem ersten Stock seiner Hauptfront eine Façade von Braunstein, indeß der zweite Stock ebenfalls aus Backstein besteht. Sollte sich bei außergewöhnlichen Gelegenheiten dieses

Opernhaus als ungenügend herausstellen, so wird die Horticulturhalle für den betreffenden Fall gemiethet, und werden beide Gebäude im zweiten Stock durch eine temporäre Brücke mit einander verbunden.

Das nächste Gebäude von Wichtigkeit in der Reihenfolge ist das in kurzer Entfernung vom Opernhause, und an derselben Seite gelegene Union League House. Die Union League ging aus einem Club hervor, der sich im Jahre 1862 organisirt hatte, im December desselben Jahres incorporirt wurde, und dessen Tendenz darin bestand, während der dunkelsten Stunden des Rebellenkrieges einen freundschaftlichen Verkehr unter den loyalen Elementen der Bevölkerung zu pflegen. Beim Ausbruche des Krieges nahm diese League sofort einen regen Antheil, durch getreuliche Unterstützung der Vereinigten Staaten in allen ihren Maßregeln zur Unterdrückung der Rebellion. Sie stellte der Bundesregierung zehn volle Regimenter in das Feld, verbreitete über zwei Millionen sechsmalhunderttausend Exemplare von Unionsdocumenten, u. trug hauptsächlich zu dem Wahlsiege der republikanischen Partei im Jahre 1863 bei.

Im Mai 1865 wurde das gegenwärtige League Gebäude fertig, und kostete mit Einschluß der innern Einrichtung etwa zweimalhunderttausend Dollar. Es ist von Backsteinen im französischen Renaissancestyl mit Façaden von Granit, Braunstein und Backstein erbaut. Eine prächtige Freitreppe an der Broad Straßen Front führt nach einer geräumigen Plattform mit einer schönen Balustrade. Die innere Ausstattung des Gebäudes ist eine solche, wie man sie nur von einem Clubhause erster Klasse erwarten kann. Die Anzahl der Mitglieder beläuft sich auf zweitausend. Das Union League Haus ist eine der Hauptzierden der Broad Straße, und wird von Besuchern mit Recht bewundert.

Der neue Freimaurertempel.

Die bedeutendsten Clubhäuser nach dem eben genannten sind das des Reform-Clubs, welcher ein prächtiges Gebäude mit einer Marmorfront an der Chestnut, oberhalb der Funfzehnten, und des Philadelphia Clubs an der Walnut und Dreizehnten Straße.

Das nächste Gebäude oberhalb des Union League Hauses, obschon weit davon entfernt, ansehnlich genannt zu werden, hat nichts desto weniger einen großen Werth für Philadelphia, denn es enthält das Museum der Academie der Naturwissenschaften, und ist ein Institut auf welches Philadelphia mit gerechtem Stolz blicken kann.

Das neue im Bau begriffene Rathhaus.

Diese Gesellschaft wurde im Jahre 1812 von einigen Privatmännern gegründet, und in 1818 incorporirt. Ein Museum und eine Bibliothek wurden für den besondern Zweck, den die Gründer im Auge hatten als die ersten Erfordernisse erachtet, und wurden Schritte gethan um für beides Sorge zu tragen. Die

Die neue Academie der Schönen Künste.

Baldwin's Lokomotiven-Fabrik.

Bibliothek umfaßt jetzt etwa dreiundzwanzigtausend Bände, während das Museum nicht weniger als zweihundertundfünfzigtausend Exemplare aus jedem Zweige der Zoologie, Geologie und Botanik enthält. An mineralogischen und paläontologischen Exemplaren sind etwa 65,000 vorhanden, nebst einer reichen Fossiliensammlung.

Die Botanik ist ebenfalls reich vertreten; während die Muschelsammlung nur von der im britischen Museum übertroffen wird. Die Sammlung ausgestopfter Vögel, vom gewaltigen Strauß bis zu dem winzigen Colibri, ist die umfangreichste in der ganzen Welt, und äußerst anziehend.

Dieses Museum ist indeß in Folge seiner reichen Sammlungen derartig überfüllt, daß sich die Nothwendigkeit herausgestellt hat, ein neueres größeres zu erbauen. Unsere beigefügte Skizze veranschaulicht uns die neue Academie der Naturwissenschaften, wofür bis zum hundertjährigen Jubiläum in 1876 jedenfalls die enormen Schätze aus dem alten Gebäude werden übergesiedelt sein. Kein Bewohner der Stadt oder Fremder sollte versäumen diesem Institute einen Besuch abzustatten. Es ist jeden Dienstag und Donnerstag Nachmittag geöffnet. Ein Eintrittspreis von nur 10 Cents wird erhoben.

Das umfangreiche und ansehnliche Gebäude welches sich unmittelbar an die Akademie der Naturwissenschaften reiht ist das La Pierre Haus, eines der besten Hotels der Stadt. Es ist sechs Stockwerk hoch und faßt etwa zweihundert Gäste. Gegenüber dem La Pierre Haus ziehen die corinthischen Porticos zweier Presbyterianer Kirchen, die eine oberhalb, die andere unterhalb der Chestnut Straße, unsere Aufmerksamkeit auf sich; wir gehen dann einen Square nördlich und wir stehen vor den im Bau begriffenen städtischen Gebäuden, in denen, wenn vollendet, die Justitia einziehen und ihren Thron einnehmen wird.

Dieser Riesenbau, obschon ein einziges Gebäude, wird, wenn von ihm geredet wird, meistens in den Plural gesetzt. Er nimmt seine Stelle auf den einstigen Penn Squares, an der Kreuzung der Broad und Market Straße ein. Er wurde am 10. August des Jahres 1871 begonnen, und wird voraussichtlich bis zu seiner Vollendung zehn Jahre Arbeit in Anspruch nehmen und auf zehn Millionen Dollars kommen. Wenn vollendet wird es das größte Gebäude in Amerika, wenn nicht in der ganzen Welt sein. Seine Länge von Nord nach Süd wird 486½ Fuß, seine Breite von Ost nach West 470 Fuß und die Höhe des Thurmes 450 Fuß betragen. Die Grundfläche die das Gebäude bedecken wird, ist 4½ Acker, ohne den Hof im Mittelpunkte, welcher 200 Fuß im Quadrat enthalten wird. Das Ganze wird eine Avenue von 205 Fuß Breite an seiner nördlichen und 135 Fuß an den übrigen Fronten umgeben. Der Baustyl des Gebäudes selbst wird der Renaissance sein, modifizirt wie die Umstände es erheischen. Das Erdgeschoß wird aus seinem weißen Granit und der übrige Theil aus Marmor erbaut werden; indeß die innere Mauern durch Backsteinwände noch bedeutend verstärkt werden; zudem wird es durchaus feuerfest werden. Das Gebäude wird 520 Zimmer enthalten, und wird überhaupt Alles in Betracht gezogen werden, um es nicht blos den gegenwärtigen, sondern auch noch späterhin eintretenden Verhältnissen möglichst anzupassen. Die Aufsicht über diesen Bau ruht in den Händen einer Commission, an deren Spitze Herr Samuel C. Perkins steht, indeß Herr John McArthur Jr. mit der technischen Leitung und Ausführung desselben betraut ist.

Nahe der Nordwestecke dieses soeben erwähnten Prachtbaues befindet sich eine Anstalt die zwar kein großes Aufsehen erregt, an der wir jedoch ihres schönen Zweckes halber nicht gleichgültig vorbeipassiren wollen. Es ist dieses eine Zeichenschule für Frauen und Mädchen (School of Design). Es wurde im Jahre 1848 durch eine Frau Peters zu dem Zwecke gegründet, den Kreis weiblicher Wirksamkeit in einer Weise zu erweitern, die nicht nur gewinnbringend sondern auch ebensoviel Interesse für die Betreffenden gewährt. In einer großen Fabrikstadt findet sich ständige Nachfrage nach neuen und eleganten Mustern für alle Zweige geschäftlicher Betriebsamkeit; die genannte Schule gewährt weiblichen Personen, die sich in dieser Hinsicht ausbilden wollen, kostenfreien Unterricht und bildet nicht selten solche heran, die es zu einer besondern Kunstfertigkeit im mechanischen Zeichnen bringen.

In einigen Jahren wird dieser Stadttheil in Bezug auf Schönheit und Großartigkeit, Alles bis jetzt in Amerika vorhandene in den Schatten stellen.

An der Ecke der Filbert Straße erhebt sich majestätisch der ebenso prachtvolle als massive Bau des neuen Freimaurer-Tempels, dessen Thurm alle andern Gebäude dieser Nachbarschaft weit überragt. Der Tempel ist aus Granit erbaut; die mächtigen Steinblöcke wurden in den Steinbrüchen fertig behauen, um nach ihrer Ankunft in Philadelphia sogleich aufgeführt zu werden, so daß sich von ihm das sagen läßt, was in Bezug auf Salomo's Tempel gesagt wurde: „Weder Hammer noch Axt, noch irgend ein anderes Werkzeug wurden gehört, während das Gebäude errichtet wurde."

Dieser Tempel hat seine Hauptfront von einhundertundfünfzig Fuß nach der Broad Straße zu, und eine Länge von zweihundert und fünfzig Fuß, indeß seine Höhe vom Trottoir neunzig Fuß beträgt. Seine colossalen Dimensionen erinnern uns unwillkürlich an den salomonischen Tempel, wie wir denselben im ersten Buch der Könige beschrieben finden. An der Nordostecke erhebt sich ein massiver Thurm bis zu einer Höhe von 250 Fuß, indeß eine Anzahl kleiner Thürmchen den imposanten Bau auf allen Seiten schmücken. Der Tempel ist im normannischen Styl aus weißlich grauem Granit erbaut. Die Façade mit ihrem herrlichen Portal, ihren mystischen und symbolischen Verzierungen, ihren Balkonen und vorspringenden Erkern fesselt der Vorübergehenden mit unwiderstehlicher Macht. Die innere Einrichtung stimmt völlig mit dem äußern Bau überein und wird in seiner Art wohl von keinem ähnlichen Gebäude der Welt übertroffen. Der Grundstein dieses Prachtbaues wurde im October 1869 mit imposanten Feierlichkeiten gelegt und im Jahre 1873 eingeweiht. Er enthält neun Logenzimmer, eine Bibliothek, die Büreaus der Beamten u. s. w. Seine Kosten beliefen sich auf mehr als eine Million Dollars.

Das nächste Gebäude oberhalb des Freimaurertempels und nur durch ein schmales Gäßchen von ihm getrennt ist die Archstraßen Methodisten Kirche, an der Südostecke der Broad und Arch Straße. Die Kreuzung der Broad und Archstraße ist wegen seiner schönen und großen Kirchen ganz besonders bemerkenswerth. Außer der ebengenannten, die nebst ihrem hohen Thurm ganz aus weißem Marmor im gothischen Styl erbaut worden ist, erhebt sich an der Nordwestecke mit gleichfalls hohem Thurm die prächtige aus Braunstein erbaute Ersten Baptisten Kirche, und an der Südwestecke eine aus grünem Svenit errichtete prächtige Lutherische Kirche; — in der That eine Gruppe unübertroffener architektonischer Prachtwerke wie man sie wohl nicht leicht noch einmal in so unmittelbarer Nähe bei einander findet.

Nachdem wir nun ganze Squares die Broad Straße entlang ein prachtvolles Gebäude nach dem andern zu bewundern Gelegenheit hatten ändert sich jetzt auf einmal die Scene; denn von der ebengenannten Kreuzung der Broad und Archstraße an, bis zur Callowhill, wird die Broad Straße durch Waaren- und Lagerhäuser, Schuppen und Holzhöfen auf's höchste verunziert und bildet das direkte Gegentheil von dem vorhin beschriebenen Viertel.

Dank der Beseitigung der Eisenbahngeleise in der Broadstraße, auf denen Frachtgüter befördert wurden,

Spring Garden Straße oberhalb der Udschuten. Wohnhaus des Herrn W. N. Bement.

läßt sich erwarten daß auch die Beseitigung dieser Gebäulichkeiten nur eine Zeitfrage ist; denn unaufhaltsam macht der Schönheitssinn sich in dieser Straße dermaßen geltend, daß nichts ihm zu widerstehen vermag. Jedenfalls wird der jetzt seiner Vollendung entgegenschreitende Prachtbau der neuen Akademie der schönen Künste nicht lange vereinzelt in dieser Gesellschaft von Schuppen und Holzhöfen stehen bleiben, sondern es werden sich entsprechende öffentliche oder Privatprachtbauten ihr würdig anschließen.

An der Broad und Callowhill Straße sind wir beim Bahnhofe der Philadelphia und Reading Eisenbahn angelangt, und sehen schräg gegenüber von diesem die ausgedehnten Gebäude der Baldwin'schen Locomotivenwerke, die sowohl zu den ältesten wie auch den größten Etablissements dieser Art in der Welt zählt.

Die Spring Garden-Straße welche die ebengenannten Werke nördlich begrenzt, verdient unter allen Straßen Philadelphias ganz besonders hervorgehoben zu werden, wegen der außerordentlichen Liberalität mit welcher ihre Bevölkerung sie zu dem gemacht hat, was sie heute ist.

Scene an der Broad Straße, oberhalb der Master.

Von der Zwölften bis zur Broad Straße schmückt ein Miniaturpark die Mitte der Straße, welche fast so breit als die Broadstraße ist. Obschon diese Straße, welche bei der Sechsten ihren Anfang nimmt, ursprünglich breit angelegt ist, so erstreckte sie sich in dieser Breite anfänglich doch nur auf wenige Straßen, wo sie sich dann verengte und schließlich ganz aufhörte. Seit mehreren Jahren ist es jedoch durch Ankauf von Grundstücken und Häusern, die der Verschönerung der Straße im Wege lagen, ermöglicht worden und gelungen dieselbe in einen Zustand zu versetzen, der sie heute zu einer der schönsten Straßen Philadelphia's macht. Elegante Privatwohnungen, prachtvolle Läden und imposanten Kirchen, durch keine Disharmonie unterbrochen, nehmen den Besucher dieser Straße unwiderstehlich ein. Unterhalb der Zwölften Straße ziehen sich eine Reihe von Markthallen mitten in der Straße entlang, während zwischen der Sechsten und Siebenten Straße wieder ein ähnlicher Miniaturpark sich befindet wie zwischen der Zwölften und Broad.

Ueber der Broad hinaus nach dem Fairmount Park hinzu ist die Straße an beiden Seiten mit prachtvollen Privatwohnungen besäumt. Unter denselben zeichnet sich besonders der Square zwischen der Achtzehnten und Neunzehnten Straße aus, in welchem die Privatwohnung des Herrn W. B. Bement gelegen ist, aus. Die Girard Avenue hat in ihrem westlichen Theile eine große Aehnlichkeit mit der Spring Garden Straße. In der Mitte dieser Avenue unterhalb der Broad Straße steht ein Denkmal welches im April 1872 von einer militärischen Genossenschaft (den Washington Grays) ihren im letzten Kriege gefallenen Kameraden zum Andenken errichtet worden ist.

An der Südwestecke der Broad und Green Straße passiren wir die Central Hochschule und an der Nordostecke eine prächtige Presbyterianerkirche im normannischen Style erbaut.

An der Ecke der Broad und Mount Vernon Straße erblicken wir den im sarazenischen Styl erbauten prachtvollen jüdischen Tempel der Gemeinde Rodef Sholem, den großartigsten in Amerika.

Von hier aus bis zur Columbia Avenue ziehen sich zu beiden Seiten der Broad Straße prachtvolle Privatwohnungen hin. Die Straße selbst ist mit dem sogenannten belgischem Pflaster belegt und bildet eine vorzügliche Promenade. An schönen Sonntag Nachmittagen wird diese Section außerordentlich belebt

Scene an der Broad Straße, oberhalb Jefferson.

durch zahlreiche Spaziergänger, Reiter und Fahrende, im schroffen Gegensatz zu der stillen Sabbathruhe aller übrigen Stadttheile.

Eine ziemlich richtige Vorstellung von dem Leben und Treiben dieser Gegend giebt uns die auf Seite 55 enthaltene Illustration des wunderschönen Wohnortes von Joseph Singerly. Ebenso fügen wir zum bessern Verständniß des Charakters des hier erwähnten Stadttheils noch die Illustrationen der Wohnhäuser von Richard Smith an der Broad Straße oberhalb der Master, und Henry Tiston an der Broad oberhalb der Jefferson, hinzu.

Die prachtvolle Episcopalkirche der Menschwerdung Christi, an der Broad und Jefferson Straße, und noch einige ansehnliche Privatwohnungen beschließen bis dahin die Liste der Sehenswürdigkeiten an der Broadstraße.

Die Montgomery Avenue bildet zur Zeit die nördliche Grenze des angebauten Theiles der Broad Straße; während die Straße selbst sich schnurgerade wie ein Pfeil nördlich erstreckt; aber die Neubauten, die in rascher Aufeinanderfolge an derselben entstehen, lassen voraussagen daß die Verbindung der Stadt mit dem einige Meilen entlegenen Germantown, nicht lange auf sich warten lassen wird.

Wohnung von Joseph Singerly, North Broad Straße an einem Sonntag Nachmittage.

Begräbnißplätze.

Es ist unmöglich in einem Werkchen dieser Art den Schönheiten und Mannichfaltigkeiten der zahlreichen Begräbnißplätze in welchem die Abgeschiedenen der großen Stadt ruhen, Gerechtigkeit widerfahren zu lassen. Wir müssen uns vielmehr darauf beschränken nur auf einige der namhaftesten hinzuweisen; können aber dem Fremden die Versicherung geben, daß ein Besuch derselben ihn nicht gereuen wird; denn in der Umgebung Philadelphias giebt es wenige Orte, die in Bezug auf Geschmack und Eleganz mit denselben zu wetteifern vermöchten. Vornan in der Reihe steht unstreitig der weit und breit berühmt gewordene Todtenhof—(Todtengarten) könnte man sagen—Laurel Hill (Lorbeerhügel), der sowohl in Bezug auf

Der Schuylkill hinauf von West Laurel Hill gesehen.

Größe, reizender Lage, geschmackvoller Einrichtung und Mannichfaltigkeit der Scenerien schwerlich von irgend einem Todtenhofe der Welt übertroffen wird. Er liegt an und auf einem Hügel dessen Abdachung in südwestlicher Richtung von den klaren Fluthen des romantischen Schuylkill bespült wird. Auf das kunstsinnigste ausgelegt, verbinden sich Natur und Kunst in der lieblichsten und harmonischsten Weise, ja schmelzen derart in einander, daß es schwer zu errathen ist, wo das eine beginnt und das andere aufhört.

Was innige Liebe zu den hier ruhenden Todten, sowie unermeßlicher Reichthum nur zu ersinnen und auszuführen vermag, hat hier theils in lieblicher Grabesschmückung, theils in prachtvollen Monumenten, die fabelhafte Summen kosteten, Ausdruck gefunden. Der Grund selbst zerfällt in drei Hauptabtheilungen, nämlich: Nord, Süd und Mittel Laurel Hill, von denen die letztern dem Todtenhofe erst neuerdings hinzugefügt worden sind. Nach dem Plane der Gesellschaft, welche diesen Todtenhof anlegte, sollte derselbe für die hier Bestatteten eine bleibende unantastbare Ruhestatt sein, der Gefahr entrückt, durch die mit Riesenschritten immer mehr zunehmende Verlängerung der meilenlangen Straßen der gewaltigen Geschäftsmetropole, sowie von dem Gewühl und Lärm des Geschäftsverkehrs je belästigt und entweiht zu werden. Durch einen besondern Akt der Gesetzgebung des Staats Pennsylvanien, wurde genügende

Philadelphia und seine Umgebung. 57

Garantie für die Unantastbarkeit des also geschaffenen Todtenhofes gegeben, und somit dem Drange, die
Grabstätten der hier Ruhenden durch Anlagen und Errichtung schöner Monumente zu zieren, der weiteste

Scene in West Laurel Hill.

Spielraum gegeben. Der Plan ist auch vortrefflich ausgeführt worden. Die Oertlichkeit selbst konnte
nicht besser gewählt werden, indem sie dem Geschäftsbereiche entrückt, durch eine Acte des Staates vor
Entweihung geschützt, reizend gelegen ist.

Alle diese Punkte in's Auge fassend, waren in kurzer Zeit alle Räumlichkeiten des ursprünglichen Begräb-

Lieutenant Greble's Grabmal im Woodland Cemetery.

nißplatzes in Beschlag genommen, so daß es nöthig wurde, denselben zu vergrößern. Süd Laurel Hill und noch zwei weitere Sectionen Grund wurden hinzugefügt. An der gegenüberliegenden Seite des

Der Schuylkill von Nord Laurel Hill gesehen.

Flusses, etwa eine Meile oberhalb des ursprünglichen Laurel Hill, liegt West Laurel Hill, ein Begräbnißplatz für sich, aber mit derselben Absicht begründet wie der erstere. West Laurl Hill ist die jüngste derartiger

Das Drexel Mausoleum.

Der Schuylkill hinab. Von West Laurel Hill.

Schöpfungen Philadelphias, und wurde im Jahre 1869 incorporirt. Es liegt an der Westseite des Schuylkill, in Montgomery County, etwa eine Meile von der Grenzlinie der incorporirten Stadt.

West Laurel Hill umfaßt gegenwärtig einhundert und zehn Acker, jedoch steht ihm eine Vergrößerung bis auf dreihundert Acker freibrieflich verbürgt, frei. Unter der Leitung von erfahrenen und umsichtigen Männern, deren Bemühungen schon das ursprüngliche Laurel Hill seine Berühmtheit verdankt, gewinnt es zusehends an Schönheit und Interesse.

Eine Anzahl kleinerer Begräbnißplätze liegen in der Nachbarschaft Laurel Hills, während einige größere von Bedeutung hier und da in den zur Zeit noch ländlich aussehenden Distrikten liegen.

Monument Cemetery (Begräbnißplatz) 1837 angelegt, liegt an der Broad und Berks Straße. Er hat eine Anzahl schöner Monumente, unter welchen sich das prachtvolle, zum Andenken an Washington und Lafayette aus Granit errichtete, im Centrum des Platzes stehend, auszeichnet. Nach demselben ist auch dieser Begräbnißplatz benannt worden.

Näher nach Laurel Hill hinzu sind die Todtenhöfe, Mount Peace, Mount Vernon, Glenwood u. a. m.

Cathedral Cemetery, der Begräbnißplatz der römisch-katholischen Kirche, liegt an der Achtundvierzigsten Straße, zwischen der Girard Avenue und der Wyalusing Straße in West Philadelphia. Er wurde im Jahre 1849 eingeweiht, und nach der Cathedrale von St. Peter und St. Paul, die damals gerade im Bau begriffen war, benannt. Er umfaßt dreiundvierzig Acker, und hat ebenfalls eine Anzahl prachtvoller Monumente aufzuweisen.

Der neue Cathedral Begräbnißplatz, ein Zweig des vorigen, liegt an der Zweiten Straße und Nicetown Lane im nordöstlichen Theile der Stadt.

Mount Moriah Cemetery, ein großer Kirchhof mit Kunst- und Naturanlagen reich ausgestattet, wie auch mit schönen Denkmälern und Grabsteinen geschmückt, liegt an der Kingsessing Avenue, — drei Meilen von der Market Straße. Die Wagen der Pferdeeisenbahn der Darby Road Linie, welche die Walnut Straße entlang laufen, führen dahin.

Mit denselben Wagen gelangen wir auch nach Woodland Cemetery an der Darby Road, eine Meile von der Market Straße gelegen. Unter den zahlreichen prachtvollen Monumenten, welche dieser schöne Begräbnißplatz aufzuweisen hat, zeichnen sich die des Lieutenant John T. Greble, des ersten Officiers der Vereinigten Staaten Armee, welcher im letzten Bürgerkriege fiel, und das Drexel Mausoleum aus. Letzteres ist als das schönste Grabmal in Amerika bekannt.

Der Fairmount Park.

Obgleich der Fairmount Park unter die neueren Schöpfungen der Stadt Philadelphia zu zählen ist, so steht sein Ruf doch nur dem des New Yorker Centralparkes nach, und zwar nur deshalb, weil er noch zu neu ist, um so weit bekannt zu sein als jener berühmte Park. Der Fairmount Park bedarf keiner Lobrede, er spricht für sich selbst, wenn der Fremde ihn mit diesem Werkchen als Wegweiser an einem schönen Sommer- oder Herbttage, oder noch besser eine ganze Woche durchwandert, und die mannichfachen Eindrücke auf sich wirken läßt, welche hier überall den aufmerksamen Beobachter, sowie den Kunst- und Naturfreund mit unwiderstehlicher Macht fesseln. Dort wechseln Thäler und Hügel, schattenreiche Baumschläge, freie herrliche Aussichten, und rieselnde, den Park nach verschiedenen Richtungen durchschlängelnde Bäche, denen gegenüber der romantische Schuylkill sich fast riesenartig durch den Park windet. Der Sonnenaufgang, der sich in Millionen und Abermillionen Thauperlen wie in ebenso vielen Diamanten wiederspiegelt, der zu Träumereien anregende Sonnenuntergang, sowie der magische Zauber einer mondhellen Nacht,

Das Frederick Graff Monument.

wirken geradezu überwältigend, und besingen die wundervolle Schönheit und Romantik des Fairmount Parkes lauter als die beredetste Feder eines Schöngeistes es vermag.

Wir lassen seiner nähern Beschreibung einige trockne Thatsachen und Zahlen, welche dem Leser immerhin nicht uninteressant sein mögen, zum bessern Verständniß vorangehen.

Den ursprünglichen Anlaß zur Begründung des Fairmount Parkes gab die Nothwendigkeit, die sich immer rascher ausdehnende Stadt mit reinem Trinkwasser zu versorgen, dessen Mangel bereits angefangen hatte fühlbar, ja binnen Kurzem sogar zu einer Calamität zu werden drohte. Durch die sich ebenfalls stets und rasch vermehrenden Anlagen von Mühlen, Fabriken und Werkstätten den Ufern des Schuylkill entlang, war vorauszusehen, daß dieser für die Stadt so wichtige Fluß, der ihr ein so unentbehrliches Lebenselement zuführt, binnen weniger Jahre mit nichts als solchen besäumt, das Wasser absorbiren oder untauglich machen würde, zum nicht geringen Nachtheil einer großen und immer noch wachsenden Bevölkerung. Eben noch zeitig genug wurde zum guten Glücke der Gedanke gefaßt, und auch sofort der Plan entworfen dem drohenden Unheil vorzubeugen, und als das Resultat mehrjähriger Arbeit und stufenweiser

Die östliche Terasse auf Lemon Hill.

Entwickelung sehen wir heutigen Tages den Fairmount Park mit fünf Meilen des Schuylkill, und sechs Meilen seines Nebenflusses des ebenso romantischen Wissahicken, welcher sich in den erstern ergießt, der Stadt erhalten und gesichert.

Das Lincoln Monument.

Der Flächeninhalt des Parkes beträgt gegenwärtig nahe an 3000 Acker; er ist mithin noch mehr als dreimal so groß als sein berühmter Rival, der New Yorker Centralpark, und ist bestimmt für alle Zeiten

Der Schuylkill, die Boothäuser und Lemon Hill.

ein Erholungs- und Vergnügungsort der großen Hauptstadt zu sein. Unter der Aufsicht und Pflege eines besonders zu diesem Zwecke eingesetzten Behörde gewinnt er von Jahr zu Jahr immer mehr an Schönheit und Interesse.

Um ihn zu erreichen bediene sich der Besucher, je nach der Oertlichkeit wo er wohnt oder sich zur Zeit gerade befinden vermag, der Pferdeeisenbahnen folgender Linien: Pine, Arch oder Vine Straße, welche sämmtlich bis zur Brücke an das untere Ende des Parkes laufen. Die beiden letztern dieser Linien vereinigen sich bei der Brücke, und bringen den Besucher bis zu dem an ihrem äußersten Endpunkt gelegenen George's Hill, oder er nehme einen Wagen der Green Straße und Fairmount Avenue Linie, welche von der Vierten via Walnut, Achten und Fairmount Avenue bis zur Fairmount Avenue Einfahrt des Parkes fährt, oder er nehme einen gelb angestrichenen Wagen der Unionlinie, welcher die Neunte Straße entlang fährt, und an der Brownstraßen Einfahrt des Parkes hält, oder einen Ridge Avenue Wagen, welcher nach dem Ostpark fährt; oder falls der Besucher den Park von den entferntern nördlichen Theilen der Stadt erreichen will, benutze er einen Wagen der Girard Avenue oder Poplar Straßen Linie, welche ihn nach den respectiven Einfahrten dieser Straßen zum Park bringen. Der Lancaster Zweig der Chestnut und Walnut Straßen Linie oder auch ein Zweig der Market Straßen Linie führen nach dem Ausstellungsplatze.

Fontaine nahe der Brownstraßen Einf. her.

Alle diese Endpunkte mit Ausnahme der äußerst nördlich und westlich gelegenen befinden sich in der unmittelbaren Nähe der Fairmount Wasserwerke am untern Ende des Parkes. Noch eine andere Gelegenheit den Park zu erreichen, sind die sogenannten Accomodationszüge der Philadelphia und Reading Eisenbahn, welche während des Sommers jede Stunde fahren. Passagiere nehmen die Züge dieser Linie am Bahnhofe an der Dreizehnten und Callowhill Straße, und fahren bis nach Belmont an der Westseite des Schuylkill. Ebenso fahren besondere Züge der Pennsylvania Eisenbahn nach der Vorstadt Hestonville, eine kurze Strecke Weges bis nach George's Hill am Westende des Parks. Schließlich kann der Besucher eine Kutsche für den Tag miethen, und ohne Anstrengung alle Punkte des Parkes besichtigen, was für den dessen Zeit beschränkt ist, und doch gerne alles in Augenschein nehmen möchte, jedenfalls das beste ist.

Den Park am untern Ende betretend, befinden wir uns in unmittelbarer Nähe der Wasserwerke, welche sich in einer Gruppe von Gebäulichkeiten, die wir vor uns sehen, befinden. Diese Werke wurden im Jahre 1822 errichtet, doch war die Stadt schon seit 1799 vom Schuylkill mit Wasser versorgt worden. Außerordentlich große Maschinen durch Wasserkraft getrieben, pumpen das Wasser aus dem Schuylkill, und treiben es in einen auf der vor uns liegenden Anhöhe befindlichen Behälter, von wo aus es durch Röhren in die Stadt geleitet wird. Dasselbe Werk versieht noch einen andern Behälter an der Corinthian Avenue nahe dem Girard College. Von einem Säulengange an der Flußseite der Gebäulichkeiten hat man eine prächtige Aussicht auf die neue, und herrliche doppelte Brücke, welche der einst berühmten Drahtbrücke neuerdings Platz gemacht hat. Diese Brücke ist eine der schönsten und dauerhaftesten in Amerika. Sie wurde entworfen von J. H. Linville, und erbaut von der Keystone Brücken-Compagnie. Die Gesammtlänge ihres Oberbaues beträgt 1274 Fuß, und der Hauptspann über den Fluß ist 350 Fuß lang. Der obere Brückenweg liegt 32 Fuß hoch über der Callowhill Straße, und verbindet die Spring Garden Straße an der Ostseite mit der Bridge Straße an der Westseite des Flusses.

Der untere Brückenweg verbindet die Callowhill Straße mit der Haverford Straße.

Der Grund in der unmittelbaren Nähe der erwähnten Gebäulichkeiten ist schön angelegt, und enthält einige Fontainen und Statuen. Das Monument auf unserer Abbildung wurde dem Erbauer und ersten Ingenieur der Wasserwerke, Frederick Graff, einem Deutschen, zu Ehren errichtet. Oberhalb des Wasserwerks ist ein kleiner Werft angelegt, von wo aus während der Sommerzeit zwei Miniaturdampfer den

Fluß auf- und abfahren, an allen Punkten von Interesse anlegend. Der Hauptfahrweg durch den Park

Die Eisenbahnbrücke im Fairmount Park.

fängt an der Greenstraßen Einfahrt an, woselbst wir eine Bildergallerie passiren, in der Rothermels berühmtes Gemälde: „Die Schlacht von Gettysburg," ausgestellt ist, und dann dem Flußufer zu und entlang führend.

Fairmount Park von der Pennsylvania Eisenbahnbrücke aus gesehen.

Nachdem wir eine freie Ebene überschritten, gelangen wir zu der Bronze Statue des Märtyrer Präsidenten

Einfahrt bei Egglesfield.

Abraham Lincoln, errichtet von der Lincoln Monument Gesellschaft im Herbste des Jahres 1871, und uns weiter wendend, ersteigen wir einen Hügel, der mit Bäumen reich bewachsen ist, in deren kühlen Schatten Spaziergänger sich ergehen. Schöne Wege ziehen sich in allen möglichen Windungen dahin, und hier und da sind bequeme Ruhebänke angebracht, frischer grüner Rasengrund, und gelegentliche Blumenbeete erfreuen das Auge, indeß lange Blumenbeete sich am Fuße des Hügels entlang ziehen, und plätschernde Fontainen hier und da angebracht sind. In langen Reihen ziehen sich glänzende Carossen den schönen breiten Fahrweg dahin, und geben der Scene ein überaus lebhaftes Aussehen.

Diese Anhöhe ist Lemon Hill, auf dessen Anhöhe sich das Haus befindet, in welchem Robert Morris während des Revolutionskrieges wohnte. Hier gefiel es ihm wohl, hier empfing der große Finanzier viele der Männer, deren Namen durch die Kämpfe jener Drangperiode berühmt wurden. Hancock, Franklin, der ältere Adams, Glieder des Continen-

tal Congresses, Offiziere der Armee und Flotte, und viele der hervorragendsten Bürger kamen oft unter diesem gastfreien Dache zusammen. Fleißig und rastlos arbeitete er hier im Kriege wie im Frieden, und entwarf die kühnen Pläne, die schließlich seinen finanziellen Ruin herbeiführten. Von hier aus wurde er in das Schuldgefängniß abgeführt, ein Opfer von Gesetzen, die ebenso barbarisch als absurd waren, indem sie einem Manne die Gelegenheit benahmen, die Mittel zu verdienen um seine Schulden abzubezahlen.

Das Glück dieses einst schönen Wohnhauses sank gerade wie das seines einstigen Besitzers. Es ist jetzt eine Restauration, worin ganz gewöhnliche Erfrischungen zu verhältnismäßig hohen Preisen verabreicht werden.

Dem Fahrwege nachgehend, gelangen wir demnächst zu einem dritten Hügel, früher Sedgely Park genannt. Hier erblicken wir ein kleines Bretterhaus, bekannt unter dem Namen: „Grant's Cottage." Es war während des Bürgerkrieges vom General Grant bei City Point als Hauptquartier benutzt worden, und wurde nach Beendigung des Krieges hierher gebracht.

Sweet Briar von Egglesfield aus gesehen.

Philadelphia und seine Umgebung.

Die Girard Avenue Brücke im Fairmount Park.

Ansicht oberhalb Sweet Brier.

Von diesem Hügel hat man eine schöne Aussicht auf die Schuylkill Wasserwerke, die unsern in einer Schlucht liegen.

Am Fuße dieses Hügels liegt die Girard Avenue Brücke, eine äußerst impojanter Bau, ein Werk der Firma Clark, Reeves und Co., Besitzer der Phönix Eisenwerke. Sie verbindet den Ostpark mit dem Westpark, und wurde am 4. Juli 1874 eröffnet. Ihre Länge beträgt 1000 Fuß, ihre Breite 100 Fuß und ihre Höhe 52 Fuß über der mittleren Wassermarke. Sie hat 5 Spannungen. Der Fahrweg über die Brücke ist 67½ Fuß und die Seitenwege sind jeder 16½ Fuß breit; die letztern sind mit Schieferplatten und bunten Ziegeln belegt. Die Ballustrade und das Karnieß sind schön verziert mit Bronze Figuren, Vögel und Blätterwerk darstellend. Unter dieser Brücke läuft ein Fahrweg hin, welcher nach dem nord östlichen Theile des Parkes (der Ostpark genannt) führt.

Die Verbindungsbrücke, welche die Pennsylvania Eisenbahn mit der Camden und Amboy Eisenbahn verbindet, liegt in nächster Nähe oberhalb der Girard Avenue Brücke. Durch einen Felsen, welcher ihr als Brückenkopf dient, ist ein kleiner Tunnel gehauen, durch welchen der Fahrweg zum Ostpark führt. Dieser Weg wurde im Jahre 1871 eröffnet, und führt zu den reizendsten Scenerien des Parks. Ein großes Reservoir, etwa 105 Acker umfassend, ist hier gegenwärtig im Bau begriffen. An dieser Seite des Flusses weiter gehend, gelangen wir schließlich nach Laurel Hill Cemetery, und dann nach der massiven Steinbrücke, über welche die Kohlenzüge der Reading Eisenbahn nach Richmond fahren.

Scene am Schuylkill unterhalb Edgely.

Doch gehen wir über die Girard Avenue Brücke, und betrachten die Sehenswürdigkeiten und Verbesserungen, welche im Westpark stattgefunden haben. Unterhalb der Brücke befindet sich an der Westseite des Flusses ein Stück Land, „Solitude" genannt, mit einem von John Penn, Enkel William Penn's, erbauten Hause. Dasselbe wurde bis in die neueste Zeit von den Nachkommen Penn's bewohnt, bis die Park Commissionäre es behufs Vergrößerung des Parks ankauften. Nicht weit davon erhebt sich das

Das Affenhaus.

hohe Observatorium der West Philadelphia Wasserwerke. Besagtes Stück Land, welches dreiunddreißig Acker groß ist, wurde der zoologischen Gesellschaft von Philadelphia überlassen, welche es zu einem zoolo

Die Bärengrube.

Das Vogelhaus.

gischen Garten umgeschaffen hat, und welche beabsichtigt, denselben zu einem der ersten in der Welt zu machen. Das, was in der Hinsicht seit der kurzen Zeit seines Bestehens bereits geschehen ist, beweist

Die Columbia Brücke vom Westparke aus gesehen.

daß es der Gesellschaft Ernst mit diesem Vorhaben ist. Sie hat ihre Agenten in allen Theilen der Erde, von denen Ladungen der interessantesten Thiergattungen häufig eintreffen.

Sweet Briar Schlucht.

Die Landsdowner Fichten.

Unter den interessantesten Sehenswürdigkeiten mögen hier erwähnt werden das große und wohlgefüllte

Oestlich von Belmont, Fernsicht.

Affenhaus, die Bärengrube, das Vogelhaus und der Hirschpark, sämmtlich wohl angefüllt und von Zeit zu Zeit noch vermehrt. Dieser Garten wurde im Juli 1874 eröffnet und ist bereits einer der beliebtesten Plätze des Parks geworden. Der Eintrittspreis für Erwachsene ist 25 Cents, der für Kinder 10 Cents.

Eine kurze Strecke oberhalb der Brücke ist der Kinder Spielplatz nahe der Sweet Brier Mansion, und daran vorbeigehend kommen wir nach Landsdowne Concourse (einem Anwesen), überschreiten auf einer ländlichen Brücke den Flußweg, von wo man dann die prachtvolle Ansicht vom Schuylkill hat, wie unsere Illustration sie darstellt.

Die ehrwürdigen Fichten auf unserer Skizze bezeichnen die Landmarke des Landsdowner Gebiets.

Das schöne Besitzthum von Landsdowne umfaßt 200 Acker und war von John Penn dem Amerikaner begründet worden, dessen Neffe, ebenfalls John Penn und ein Sohn Richard Penn's, hier ein schönes großes Wohnhaus erbaute, in welchem er zur Zeit des Revolutionskrieges wohnte, wo seine Sympathie sich keineswegs der Partei zuwandte, welche schließlich den Sieg errang, und ihm um den schönen Staat brachte, der sein väterliches Erbtheil gewesen war, und über welchen er als Gouverneur r. giert hatte.

Nachdem wir Landsdowne Concourse verlassen, besäumt der Weg das Belmont Reservoir und

Den Schuylkill hinauf, von der Columbia Brücke.

windet sich um einen ziemlich steilen Hügel bis zum Plateau von George's Hill, zweihundert und zehn Fuß über hohem Wasserstande. Dieser Grund, der dreiundachtzig Acker umfaßt, wurde der Stadt von Jesse George und dessen Schwester Rebecca zum Geschenk gemacht, nachdem deren Vorfahren während mehrerer Generationen denselben besessen hatten. In dankbarer Anerkennung des werthvollen Geschenks wurde der Platz George's Hill (Hügel) genannt, und die herrlichen Scenerien sowohl als die prächtige Aussicht die man von hier aus genießt, werden das Andenken an die liberalen Geber noch bis in die spätesten Zeiten wach erhalten. George's Hill ist der Zielpunkt aller Vergnügungslustigen die den Park besuchen. Wenige Kutschen kommen in den Park, die nicht auch George's Hill auf ihrer Spazierfahrt einen Besuch abstatten, und auf dem Plateau den Pferden eine kurze Rast vergönnen, indeß die Insassen ihre Augen weiden an dem unbeschreiblich schönen Anblick der sich denselben bietet.

Auf der großen Wiese die sich in östlicher Richtung am Fuße von George Hill ausbreitet, soll im

Philadelphia und seine Umgebung.

Jubeljahr 1876 eine große Weltausstellung gehalten werden.

Es ist beschlossen worden daß in Philadelphia, der Wiege amerikanischer Freiheit, von einem dankbaren Volke der hundertjährige Geburtstag seiner Freiheit in würdiger Weise gefeiert werden soll, und gewiß konnte kein geeigneterer Platz zur Abhaltung einer großen Weltausstellung in Verbindung mit dem Jubiläum als der bezeichnete bestimmt werden. Eine Viertelmeile Eisenbahngeleise wird die Pennsylvania Eisenbahngesellschaft in den Stand setzen die vom Süden und Westen der Vereinigten Staaten gesandten Produkte in denselben Güterwagen, in die sie ursprünglich gepackt wurden, in die Ausstellungsgebäude zu befördern, während Güter aus Asien nur einmal und zwar zu San Francisco brauchen umgeladen zu werden, indeß die Sendungen von den Atlantischen Häfen den Schuylkill Fluß herauf befördert werden können um in Sicht der Ausstellungsgebäude gelandet zu werden. Es wird mit mehr Schwierigkeiten verbunden sein, schwere Gegenstände aus den Fabriken Philadelphia's nach dem Ausstellungsplatze zu befördern, als die von Californien oder Minnesota.

Der Ausstellungsplatz umfaßt 450 Acker und dehnt sich vom Fuße von George's Hill bis nahe zum Schuylkill aus, während er sich nördlich bis an die Columbia Brücke und Belmont Mansion erstreckt.

Auf der Ebene, bekannt unter dem Namen des Landsdowner Plateau an der Kreuzung der Elm Straße und Belmont Avenue, werden zur Zeit die Hauptausstellungsgebäude errichtet. Das Hauptgebäude hat die Form eines Parallelogramms, hat eine Länge von 1880 Fuß bei einer Breite von 464 Fuß und einer Höhe von 70 Fuß mit 120 Fuß hohen Thürmen. Mit seinen Thürmen und Vorsprüngen bedeckt es eine Fläche von über einundzwanzig Acker. Es ist aus Eisen und Glas und enthält eine große Halle von 70 Fuß Höhe, mit einem Central Pavillion von 96 Fuß Höhe. Eine Central Avenue von 120 Fuß Breite läuft durch die ganze Länge des Gebäudes. Zwei Nebenavenues, jede von 100 Fuß Breite, laufen ebenfalls durch die ganze Länge. Diese Avenuen werden von drei querlaufenden Avenuen gleicher Breite durchschnitten, und das Gebäude wird somit in neun Theile getheilt, frei von Säulen oder sonstigen Hindernissen.

Die kleinern Avenuen sind 48 Fuß breit. Die Arrangements der Produkte sind mittelst des Kreuz-Systems der Classifizirung, so daß alle Produkte eines Landes neben einander kommen mit ähnlichen Produkten anderer Länder.

Die Kunst-Gallerie oder Memorial Halle liegt 300 Fuß nördlich von dem Hauptausstel-

Das Hauptgebäude der Weltausstellung.

Die „Memorial Hall" oder Kunst-Gallerie.

lungsgebäude, und parallel mit demselben und wird ein permanenter Bau werden, während die übrigen
Gebäude nur temporär sind. Sie ist aus Granit, Eisen und Glas im Renaissance Styl erbaut und ist völlig
feuerfest. Sie hat eine Länge von 365 Fuß bei einer Breite von 210 und einer Höhe von 59 Fuß, mit einem
Centraldome 150 Fuß hoch, der eine collossale Glocke hat, auf welcher eine Statue (die Columbia) steht. Co
lossale Figuren, die vier Weltgegenden darstellend, stehen auf jeder Ecke der Basis des Domes. Die innere
Einrichtung besteht aus einer Centralhalle (mit östlich und westlich führenden Gallerien) von 287 Fuß Länge,

Eine Scene aus dem Westpark.

85 Fuß Breite und 35 Fuß Höhe, ausgenommen der Dom, dessen innere Höhe 80 Fuß beträgt. Diese
Halle wird 8000 Personen fassen. Für kleinere Hallen, Gallerien und Ateliers ist hier ebenfalls gesorgt.
Doch wir können uns unmöglich bei einem solch' unerschöpflichen Thema wie die Ausstellung es bietet,
aufhalten und wir nehmen unsern Weg wieder auf und begeben uns nach dem Belmont Hause. Dieses
ist wie die meisten Gebäude innerhalb des Parkes von älterem Datum, und mag wohl um's Jahr 1745
errichtet worden sein. Es war die Wohnung des Herrn Richard Peters — des Dichters, Witzlings,

Patrioten und Juristen, während seiner ganzen Lebenszeit. Viele seiner Wortspiele leben noch heute im Munde des Volkes, so auch zahlreiche von ihm verfaßte Gedichte, während die werthvollen Dienste die er dem Staate als Kriegssekretär während des Revolutionskrieges leistete, sowie als Repräsentant im Congreß, und schließlich als Richter des Vereinigten Staaten District Gerichtshofes während fast seiner halben Lebensdauer leistete, nicht bald in Vergessenheit gerathen werden.

Brillant wie die Zusammenkünfte berühmter Gäste auf den zahlreichen gastfreien Landsitzen, die nun-

Eine Scene am Wissahickon.

mehr in den Fairmount Park eingeschlossen sind, waren, so übertraf Belmont sie doch alle. Washington war hier ein fleißiger Besucher, so auch Benjamin Franklin, der Astronom Rittenhouse, der eminente Botaniker Bartram, Robert Morris, Jefferson und Lafayette — von welch' letzterem noch heutigen Tages ein Andenken dort zu finden ist, nämlich ein Walnußbaum, den er mit eigener Hand daselbst in 1824 gepflanzt hat. Talleyrand und Louis Philipp statteten hier Besuche ab. Tom Moore's Landhaus ist gerade unterhalb am Flußufer; und so könnten noch viele Namen berühmter Persönlichkeiten in Verbindung mit

Belmont genannt werden, allein die Grenzen unseres Werkchens erlauben es nicht. Aber, ach! was ist aus Belmont jetzt geworden? —

Die historische Villa ist zu einer Restauration herabgesunken.

Die Aussicht welche man vom Säulengange des Hauses hat, dürfte schwerlich von irgend einer in Amerika übertroffen werden. Unsere Illustration, obschon von einem der hervorragendsten Künstler gezeichnet, giebt nur eine schwache Idee von ihrer wundervollen Schönheit. Es ist einer jener wunderbaren Effecte vereinigter Kunst und Natur, die der Mensch zugeben muß außer Stande zu sein, auf Papier oder Leinwand zu reproduciren.

Die Falls Brücke über den Schuylkill.

Nachdem wir Belmont verlassen, führt unser Weg durch eine weniger interessante Gegend nach Chamouni mit seinem See und den nördlichen Grenzen des Parks. Nahe dem See kreuzt unser Weg die Falls Road, welche uns zum Schuylkill hinunterführt, welchen wir mittelst einer Brücke überschreiten, dann dem östlichen Ufer entlang gehen bis wir zu der Einmündung des Wissahickon in jenen Fluß gelangen. Einer der schönsten Spazierwege im ganzen Park erstreckt sich von diesem Punkte durch das Belmont Thal nach der Reading Eisenbahn und dem Ufer des Schuylkill. Er mündet aus bei den Officen der Park Commission, wo das Auge des Besuchers sich von zwei collossalen Bronze Figuren, das beschwingte Pferd, „Pegasus" vorstellend, angezogen fühlt. Diese Kunstwerke waren angefertigt worden um die große Akademie in Wien zu schmücken, stellten sich aber als zu groß für die betreffende Räumlichkeit heraus und wurden dann von einer Anzahl Amerikaner angekauft, die dem Parke ein Geschenk damit machten, wo sie nun gleichsam einen der Haupteingänge des Parkes bewachen.

Die Schuylkill Fälle existiren jetzt nur noch in der Erinnerung, aber ehe der Fairmount Damm gebaut war, waren sie eine allerliebste Thatsache. Der Fall, der durch einen vorstehenden Felsblock gebildet wurde, war zwar nur klein, allein bei hohem Wasser bot er doch einen schönen Anblick.

Eine kurze Strecke oberhalb der Fälle ist das „Schlachtfeld", wo ein Zusammenstoß der amerikanischen Truppen unter Lafayette und den britischen Truppen unter General Grant stattfinden sollte. Der Letztere jedoch, ungleich seinem berühmten Namensvetter der Neuzeit, ließ sich täuschen, indem Lafayette einen meisterhaften Rückzug bewerkstelligte; das Beste was sich unter den bestehenden Umständen für ihn thun ließ. Hier wurde auch die ewig denkwürdige Schlacht bei Germantown geschlagen.

Der Wissahickon ist ein äußerst romantisches Flüßchen, welches sich in einem engen Thal durch schroff ansteigende bewaldete Anhöhen hinwindet, welches eher den Character einer wilden Gebirgsschlucht trägt, wie man sie wohl hunderte von Meilen hinter den Grenzen der Civilisation zu finden erwartet, als den eines Vergnügungsortes innerhalb der Grenzen einer Weltstadt. In seinem untern Laufe trägt der Fluß einen ruhigen friedlichen Charakter; und hier und dort sehen wir in der Nähe kleiner Restaurationen Boote liegen zur Benutzung der Besucher. Dieses Bild des Friedens aber ändert sich je weiter man den Fluß hinauf geht, und er den Charakter eines wilden Gebirgsgewässers annimmt, der noch durch die äußerst pitoreske wildromantische Umgebung erhöht wird. So in seiner Wildheit wie in seinem tiefen Frieden athmenden Wesen die höchsten Contraste bildend, windet er sich dem Schuylkill zu und ergießt sich in denselben im Thale gleichen Namens, wie wir bereits gesehen haben.

Der Wissahickon Fluß.

Einige Fabriken haben sich in die friedliche Stille des Thales eingedrängt, jedoch sind von der Park Commission Schritte zu deren Beseitigung gethan; binnen wenigen Jahren wird keine Spur mehr von ihnen zu sehen sein, und der Wissahickon Fluß seiner vollen pitoresken Wild- und Schönheit zurückgegeben sein. Eine dieser Fabriken, die Papiermühle des Herrn Edward Megargee findet sich in unserer Illustration. Sie gehört wie auch fast alle die übrigen Fabriken hier bereits der Stadt; es müssen ihre gegenwärtigen Inhaber bis zum Jahre 1883 räumen, worauf sie beseitigt werden wird.

Unser beschränkter Raum gestattet uns nicht, sämmtliche Sehenswürdigkeiten des Wissahickonthales ausführlich zu beschreiben, doch können wir es nicht unterlassen, einige der bedeutenderen hier zu erwähnen.

Am obern Wissahickon. Megargee's Papiermühle.

Zudem haben unsere Zeichner dieselben in einer Weise illustrirt, daß eine nähere Beschreibung derselben als fast überflüssig erscheinen dürfte.

Kurz nachdem wir das Schuylkillthal verlassen, und in das enge Wissahickonthal einbiegen, erreichen wir das Maple Spring Hotel, welches ein in seiner Art eigenthümliches Museum enthält, bestehend aus einer

Der Wissahickon. Brücke bei Valley Green.

Der Wissahickon. Brücke bei Mount Airy.

Die Röhrenbrücke über den Wissahickon.

Sammlung der verschiedenartigsten grotesken Figuren, vom Eigenthümer selbst aus Lorbeerwurzeln geschnitzt, und die Frucht einer etwa neunzehnjährigen Arbeit. Kein Besucher sollte verfehlen sich diese Sammlung anzusehen.

Etwas weiter hinauf führt vom Fahrwege ein Pfad durch das Gehölz zur Einsiedlerquelle, die, wie die Sage berichtet von einem deutschen Pietisten, Namens Johann Kelpius, gegraben wurde, der sich mit vierzig seiner Glaubensgenossen hier vor zweihundert Jahren niederließ, wo er ein Einsiedlerleben führte, und auf die Erfüllung seiner mystischen Träume harrte.

Er sowohl als seine Genossen gaben vielen der interessanten Sehenswürdigkeiten in dieser Gegend Namen. Unsere Skizze zeigt uns unter andern die bereits erwähnte Einsiedlerquelle.

Pro Bono Publico.

Am obern Wissahickon.

Etwa drei und eine halbe Meile vor ihrem Ausflusse erblicken wir die sogenannte "Pipe Bridge" (Röhrenbrücke), welche über sechshundertundachtzig Fuß lang, und einhundert Fuß hoch ist. Die Wasserröhren, welche Germantown mit Trinkwasser versehen, bilden die Sehnen der Brückenbögen, und das ganze ist mit Schmiedeeisen zusammen gehalten. Der Plan zu dieser Brücke wurde von Frederick Graff entworfen, der auch den Bau derselben leitete.

Etwa hundert Schritte weiter oben, befindet sich die in unserer Illustration dargestellte hölzerne Brücke bei Mount Airy; und unweit dieser erreichen wir den „Teufelspfuhl" (Devils pool), ein Bassin in

Der Wissahickon bei Chestnut Hill.

Cresheim Creek, einem kleinen Nebenflüßchen des Wissahickon. Der nächste Gegenstand von Interesse ist die bei Valley Green über den Fluß führende schöne steinerne Brücke; und eine halbe Meile weiter gelangen wir zu einem marmornen Wasserbecken unter Felsen. Es ist dieses der erste in Philadelphia eröffnete Trinkbrunnen. Er trägt die Inschrift: "Pro Bono Publico" (für das öffentliche Wohl), und darunter: "Esto perpetua" (er bleibe für immer). Er wurde im Jahre 1854 errichtet, und war der Vorläufer von einer großen Anzahl anderer, die seither in Philadelphia errichtet wurden.

Noch eine Meile weiter folgen wir dem Laufe des Wissahickon aufwärts, bis wir endlich Chestnut Hill erreichen. Hier erweitert sich das enge, romantische Thal plötzlich, und wir befinden uns am Ende des

Am Wissahickon hinauf. Der Fahrweg.

Parkes in einer herrlichen Landschaft mit üppigen Formen, und prächtigen Villa's wo viele der reichsten Bürger Philadelphias ihre Wohnsitze aufgeschlagen haben.

Watson schreibt in seinen Annalen von Philadelphia folgendermaßen über den „Wissahickon:"

„Dieses romantische Flüßchen mit seinen herrlichen Scenerien, welche jetzt Tausende von Besuchern anziehen, war noch vor wenigen Jahren eine wilde unbekannte und unbeachtete Oertlichkeit. Jakob und Enoch Rittenhouse, welche hier wohnten, erzählten mir in 1845, daß zur Zeit da sie Knaben waren, sich

Die Einsiedlerquelle am Wissahickon.

Hemlock Glen.

ganze Schwärme Fasanen daselbst aufhielten, und sie dieselben hundertweis singen, ebenso auch Rebhühner. Der Bach enthielt ausgezeichnete wohlschmeckende Fische, selbst wilde Enten fanden ihren Weg in diese Gegend, und wurden oft geschossen. Besucher von Philadelphia fanden sich hier nicht ein, und auch von Germantown nur selten. Alles war still und einsam. Wie ganz anders ist es heute. Alles Leben und Frohsinn! Bis dahin befindet sich der Fairmount Park noch in seiner Kindheit. Die Natur hat ihn verschwenderisch mit Reizen bedacht; und auch die Kunst hat ihm, namentlich in den letztern Jahren ihr Gepräge aufgedrückt. Dank den Bemühungen und der Generosität der Park-Gesellschaft, die sich eigends zu diesem Zwecke organisirt hat, gewinnt der Fairmount Park von Jahr zu Jahr an neuen Reizen

Glen Fern, Wissahickon.

und Einrichtungen, und es ist die Absicht der genannten Gesellschaft, ihn derart zu vervollkommen, daß er auch an großartigen Kunstschöpfungen den berühmtesten Parks der Welt ebenbürtig steht.

Um Besuchern den Park noch im erhöhten Maße interessant und anziehend zu machen, finden im Sommer während der Woche auf Lemon Hill, Belmont Mansion und Georges Hill abwechselnd Frei-Concerte statt. Für Kinder sind Spielplätze mit Schaukeln, Carroussels u. s. w. eingerichtet. Restaurationen finden sich ebenfalls vor, in welchen man Erfrischungen jeder Art, aber keine berauschenden Getränke haben kann.

Für Aufrechterhaltung der Ordnung sorgt die, ganz besonders zu diesem Zwecke organisirte Parkpolizei, welche den Park-Commissären untergeordnet ist.

Verschiedenes.

Delaware und Fort Delaware.

Die Stadt Philadelphia besitzt außer den von uns angeführten Sehenswürdigkeiten noch zahlreiche Gegenstände von Interesse. Wir beschränkten uns darauf nur der wichtigsten zu gedenken.

Kein Fremder sollte versäumen die Navy Yard (den Vereinigten Staaten Schiffsbauhof) zu besuchen, und daselbst die großen Schiffshäuser, Werkstätten, Magazine, das Arsenal und einen großen Trocken-Dock, welcher im Stande ist das größte Linienschiff emporzuheben, in Augenschein zu nehmen, wie auch die prachtvollen Kriegsdampfer, deren jederzeit einige an ihren Werften liegen, zu besichtigen. Dieses Etablissement liegt an der Front Straße unterhalb der Washington Avenue. Die Wagen (Cars) der Zweiten, Vierten und Sechsten Straße führen in nächster Nähe daran vorbei, während Passagiere mit der Siebenten Straßen Cars unmittelbar an der Einfahrt abgesetzt werden. Die Navy Yard ist für Besucher unentgeldlich offen, und zwar alle Tage (ausgenommen von 12 bis 1 Uhr Mittags und Sonntags). Um an Bord der Schiffe zu gehen, hat man sich einen Erlaubnißschein, der gratis verabreicht wird, in dem Büreau des Commandeurs geben zu lassen.

Der Besucher wird hier manches sehen, was sein Interesse in Anspruch nehmen, und es ihn nicht gereuen lassen, hierher gekommen zu sein.

Unweit der Navy Yard zieht das neun Stockwerk hohe imposante Gebäude der Franklin Zuckerraffinerie unsere Aufmerksamkeit auf sich. Da der Delaware ein äußerst breiter wie auch tiefer Fluß ist, so läßt es sich leicht denken, daß er der Schifffahrt bedeutenden Vorschub leistet, während der Schuylkill noch der Zeit harrt, da auch sein Ufer mit Werften besäumt, ein Bild voller Leben und Handels bieten wird.

Gleich oberhalb der Navy Yard befinden sich die Getreidewerfte der

Pennsylvanien Eisenbahngesellschaft mit einem riesigen Elevator. Von hier aus die ganze Flußlinie bis nach Kensington hinauf, reihen sich Werfte an Werfte, von denen viele eine lokale Berühmtheit erlangt haben.

Unter denselben nennen wir z. B. den Spruce Straßen Werft, der als der Centralpunkt des Austernhandels während der Herbst- und Wintermonate ein Bild regen Lebens und Treibens bietet. Unmittelbar oberhalb denselben ist der Dock-Straßen Werft, wo in den Sommermonaten der Pfirsichhandel in höchster Blüthe steht, indeß sein vorerwähnter Nachbar, außer einigen Fischerbooten, verhältnißmäßig verödet ist. Chestnut und Market Straßen Werfte sind die Haupt Passagier-Punkte, wo man mit den zahlreich hier anlegenden Dampfern, die groß genug sind um Passagiere, Wagen und Pferde zu transportiren über den Fluß, nach Camden, Gloucester und Red Bank, oder nach irgend einem Orte den Fluß entlang fahren kann. Der Vine Straßen Werft bildet den Endpunkt der Camden und Atlantic Eisenbahn, von wo im Sommer alltäglich tausende und abertausende von Philadelphia's Bevölkerung nach dem Seebade strömen. Der Willow Straßen Werft ist der Endpunkt der Philadelphia u. Reading Eisenbahn mit seinen ausgedehnten Lagerhäusern, und dicht nebenan sind die nicht minder riesigen Gebäulichkeiten der Nord Pennsylvania Eisenbahn. Dann kommt der Poplar Straßen Werft mit seinen hoch aufgeschichteten Holz- und Bretterhaufen, die ganze Acker bedecken. Der ausgedehnteste dieser Holzhöfe ist der in unserer Illustration gegebene der Firma Smith und Harris am Coates Straßen Werft.

In dieser Gegend, nämlich an der Front und Laurel Straße, erhebt sich ein imposantes Denkmal der Energie, des Fleißes und der Ausdauer. Es sind die Keystone Sägen, Werkzeug, Stahl und Feilenwerke der Firma Henry Disston und Söhne. Der Chef dieser Firma legte den ersten Grund zu diesem collossalen Geschäfte vor etwa fünfunddreißig Jahren in einem Kellerraum. Heute bedecken die Gebäulichkeiten, die wir unsern Lesern in einer wohlgelungenen Illustration vorführen, acht Acker Land. An die tausend Arbeiter finden daselbst Beschäftigung. Sägen jeder Art, Werkzeuge und Feilen u. s. w. werden hier täglich im Belauf eines Gewichtes von fünf Tonnen angefertigt. Außerdem besitzt die Firma noch ein ausgedehntes Zweigwerk in Tacony und ein großes Zweig Haus in Chicago.

Die Keystone Sägefabrik.

Man kann es mit Recht als die Pionierfabrik dieser Art in Amerika bezeichnen, und als die größte in der Welt.

Kensington kann als der Hauptmittelpunkt der Schiffsbauerei in der Stadt Philadelphia genannt werden, obgleich es größere Schiffsbauhöfe zu Kaighn's Point, Chester, Wilmington und andern Punkten des Delaware hat; jedoch können diese sämmtlich als Philadelphier Unternehmungen angesehen werden.

Alle diese Höfe stehen meistens in voller Thätigkeit und legen kein geringes Zeugniß für den Handel und die industrielle Betriebsamkeit Philadelphia's in dieser Richtung ab. Ganz besonders hat die Firma W. Cramp und Söhne sich einen hohen Ruf erworben durch die Bauten der riesigen eisernen Ocean Dampfer der Amerikanischen Dampfschifffahrtsgesellschaft.

Das Labyrinth von Werften und Docks bei Port Richmond, wo die Kohlen aus den Schuylkill Minen von den Wagen der Philadelphia und Richmond Eisenbahn auf die Schiffe verladen werden, um einen ferneren

Franklin Zucker-Raffinerie.

Markt aufzusuchen, befindet sich oberhalb der Schiffsbauhöfe und ist auf unserer Illustration getreulich wiedergegeben. Die Regsamkeit und Betriebsamkeit daselbst geht über alle Beschreibung und ist äußerst interessant anzusehen.

Bisher hatte Philadelphia als Handelsstadt nur einen geringen Ruf, während sie in industrieller Beziehung als Hauptmittelpunkt in den Vereinigten Staaten anerkannt wurde. In neuerer Zeit hat sich doch auch in commerzieller Hinsicht ein bedeutender Aufschwung bemerkbar gemacht, dessen weiterer Erfolg nicht mehr zu bezweifeln ist. So hat die Firma William P. Clyde und Co. bereits Dampferlinien nach Boston, New York, Wilmington, Baltimore und allen den wichtigsten Punkten an den Südatlantischen und der Goldküsten der Vereinigten Staaten etablirt; andere Firmen sind ihrem Beispiel gefolgt, während die Amerikanische Dampfschiffs Gesellschaft bereits vier Dampfer ihre regelmäßigen Fahrten nach Liverpool machen läßt; ebenso machen die Dampfschiffe zweier europäischer Linien ihre regelmäßigen Fahrten zwischen ihren respektiven Häfen und Philadelphia.

Kensington hat außerdem noch mehrere bedeutende Eisenwerke und andere industrielle Etablissements, allein das größte unter allen ist ohne Zweifel das an der Callowhill Straße von der Dreizehnten bis zur Achtzehnten Straße sich erstreckende, früher unter dem Namen „Green Hill" bekannte. In dieser Gegend ist auch die bereits früher erwähnte Baldwin'sche Locomotivenbauerei, sowie die Locomotivenfabrik von Norris, ferner die Maschinen Werkzeug Fabrik von William Sellers und Co., und noch eine Anzahl anderer Werke, die sämmtlich von bedeutender Ausdehnung sind und unter die ersten derartigen Etablissements der Welt gezählt werden dürfen. An der Einundzwanzigsten und Callowhill Straße ziehen die ebenso um-

Die Vine Straßen Ferry, Endpunkt der Camden und Atlantic Eisenbahn.

fangreichen wie imposanten Gebäude von William B. Bement und Sohn's Maschinen Werkstätten Aufmerksamkeit auf sich. Eine Anzahl von Illustrationen, die wir unserm Texte beigefügt haben, geben dem Leser eine getreue Vorstellung mehrerer dieser riesenhaften Werkstätten, und überheben uns der Nothwendigkeit ein Weiteres darüber zu sagen.

Wenn wir dem Leser mittheilen daß der Gesammtwerth der Manufacturen Philadelphia's im Jahre 1873 die fabelhafte Summe von dreihundertvierundachtzig Millionen Dollars erreichte, und daß dieses Resultat durch neuntausend Mühlen, Gießereien und Fabriken, mit einhundert fünfzigtausend Arbeitern und Dampfkraft im Betrage von fünfundsiebzigtausend Pferdekraft erzielt wurde, so wird er sich einen Begriff von der Gewerbsthätigkeit Philadelphia's allein in dieser Richtung hin machen können, und er wird es begreiflich finden, daß es ein Ding der Unmöglichkeit ist, in einem Werkchen dieser Art in Einzelheiten einzugehen. Genüge es daher zu sagen daß in Philadelphia Gegenstände vom kleinsten Hammer bis zum dreitausendtonnen Dampfschiff in jedmöglicher Anzahl angefertigt werden können.

Andere Industriezweige existiren in verhältnißmäßiger Anzahl. Manayunk am Schuylkill ist reich an Wollen-, Baumwollen Fabriken und Papiermühlen, und fast die gesammte Bevölkerung arbeitet in denselben. Aehnlich ist es in den andern Vorstädten, so daß man sagen könnte, die ganze gewaltige Metropole sei nur eine einzige riesige Werkstatt, in welcher der Besucher Tage, ja Wochenlang herumwandern könnten, um aus allen nur möglichen Zweigen gewerblicher Thätigkeit ebenso viel Unterhaltung als Belehrung zu schöpfen.

Unsere Skizze zeigt eine Ansicht der bei Schuylkill Falls gelegenen Laboratorien der Firma Powers und Weightman, den Hauptmanufakturisten von Chemikalien, welche außerdem noch ein ähnliches großartiges Etablissement an der Neunten und Parish Straße in Philadelphia besitzen.

Der Poplar Straßen Holz Werft.

Das Etablissement der Firma Cornelius und Söhne, Fabrikanten von Beleuchtungsapparaten und Gaseinrichtungen ist das größte seiner Art in Amerika, und das Fabrikgebäude selbst, welches an der Cherry Straße, oberhalb der Achten steht, dient dem Mittelpunkte der Stadt, welcher ohnehin schon so reich an imposanten Gebäuden ist, noch zu einer besondern Zierde. Zugleich besitzt diese Firma an der Chestnut Straße, oberhalb der Dreizehnten noch ein prachtvolles Verkaufslokal.

Ein weiteres großartiges Etablissement ist das von W. H. Horstmann und Söhne, deren wahrhaft riesiges Fabrikgebäude (in unserer Illustration ebenfalls dargestellt) sich an der Fünften und Cherry Straße erhebt. Bereits im Jahre 1815 begründet, ist es bereits seit Jahren das erste seiner Art in Amerika. Es werden darin alle nur erdenklichen Arten von Posamentierarbeiten für Civil sowohl als auch für militärische Zwecke verfertigt.

Wohl giebt es keine Stadt in der Welt, welche so für das Wohlergehen und den Comfort seiner arbeitenden Klassen sorgt, als Philadelphia. Nicht nur bietet sie dem Arbeiter bequeme Wohnungen zu mäßigen Preisen, sondern sie nimmt sich seiner auch in Krankheitsfällen in der liberalsten Weise an, sorgt für seine geistigen Genüsse, für seine Erholung, und nimmt sich seiner Kinder jederzeit an.

Das älteste und beste unter den Hospitälern Philadelphias ist das im Jahre 1750 gegründete Pennsylvania Hospital. Die Gebäulichkeiten desselben nebst den dazu gehörigen Höfen und Anlagen umfassen ein ganzes Häusergeviert (Square), begrenzt von der Achten und Neunten, und der Spruce und Pine Straße. In Bezug auf die Vorzüglichkeit seines Systems und seiner Verwaltung hat es nur wenige seines Gleichen in der Welt. Die Patienten stehen unter der Pflege eines ärztlichen Collegiums, welche ihre Dienste unentgeltlich leisten. Vor dem Hauptgebäude, welches seine Front an der Pine Straße hat, befindet sich ein schöner Rasenplatz, geschmückt mit einer Bronze Statue William Penn's. Das ganze Anwesen ist mit einer Mauer umgeben. Ein anderes ähnliches Institut ist das Episcopal Hospital im nordöstlichen Theile der Stadt.

Das städtische (Blockley) Armenhaus liegt am westlichen Ufer des Schuylkill in nächster Nähe der Universitätsgebäude, und dem, nahe dem östlichen Ufer belegenen Marine-Asyl beinahe gegenüber. Man erreicht es mit den Car der Walnut Straßen und Darby Road Linie. Der Flächenraum auf welchem die Gebäulichkeiten stehen, enthalten 179 Acker; die Gebäude selbst bedecken zehn Acker, und das Ganze repräsentirt einen Werth von 3,000,000 Dollar. Die Gebäulichkeiten haben durchschnittlich eine Bevölkerung von 2500 Personen, vermögen aber 3000 zu fassen. Mit dem Institut ist auch ein Departement für Wahnsinnige, eine Entbindungsanstalt, Kinder-Asyl, Hospital, Museum und eine Bibliothek verbunden.

Im südwestlichen Theile der Stadt, dem Lärmen des Geschäftslebens entrückt, liegt von einem Park umgeben, das Vereinigte Staaten Marine-Asyl, ein prächtiger Marmorbau, auf welches jeder Amerikaner mit gerechtem Stolze blickt. Es spricht ein beredtes Zeugniß von der Liberalität des Volks; denn hier bietet es dem wackern Mariner, nachdem er alt und schwach geworden ist im Dienste des Vaterlandes, einen freundlichen und willkommenen Hafen an, wo er aller irdischen Noth und Sorge enthoben ist. Man gelangt mit den Spruce und Pine Straßen Cars dahin. Besucher werden zugelassen von Sonnenauf- bis Sonnenuntergang, Sonntags ausgenommen.

Wills Augenhospital an der Race Straße, dem Logan Square gegenüber, wurde durch ein Vermächtniß von James Wills, im Betrage von Einhunderttausend Dollars in 1832 gegründet. Unbemittelte Augenkranke und Blinde finden daselbst unentgeltlich Behandlung und Pflege. Es ist ein schönes Gebäude, von Parkanlagen umgeben.

Das Girard College, das großartigste Waisenhaus in der Welt, ist eine Anstalt, die kein Fremder unbesucht lassen sollte. Es liegt an der Ridge Avenue, nördlich von der Girard Avenue. Philadelphia verdankt dieses Institut seinem großen Wohlthäter

Die Richmond Kohlenwerke.

Ansicht der Comstraßen Holzwerke.

Stephan Girard, eines zwar sehr excentrischen aber wohlwollenden Millionärs, welcher in seinem Vermächtniß bestimmte, daß aus seinem Nachlasse ein Gebäude zur Unterbringung für nicht weniger als dreihundert arme, weiße Waisenknaben errichtet werde. Zur Ausführung der einzelnen Bestimmungen hinterließ er der Stadt bedeutende Fonds. Zugleich schenkte er auch den nöthigen Grund für die Gebäulichkeiten (fünfundvierzig Acker). Die Kosten der Erbauung und Ausstattung beliefen sich allein auf zwei Millionen Dollars. Die Anstalt enthält gegenwärtig fünfhundertundfünfzig Zöglinge.

Das Hauptgebäude aus reinem weißen Marmor im Styl eines griechischen Tempels korinthischer Ordnung, steht in der Welt unübertroffen da. Es ist mit einer Colonnade von vierunddreißig Säulen umgeben, die sämmtlich mit größtem Geschmack gearbeitet sind. Außer dem Hauptgebäude enthält der Grund noch eine Anzahl anderer Gebäulichkeiten, von denen vier ebenfalls ganz aus Marmor aufgeführt sind. Neue Gebäude werden nach und nach hinzugefügt, je nachdem die Bedürfnisse es erheischen. Der übrige Raum ist in Anlagen und Spielplätze ausgelegt, und das ganze Anwesen mit einer hohen Steinmauer umgeben. Das Hauptgebäude ist fast von jedem nur einigermaßen erhöhtem Punkt der Stadt und Umgegend sichtbar, und macht aus der Ferne wie in der Nähe einen großartigen Eindruck.

Das Monument von welchem wir eine Illustration geben, wurde im Jahre 1869 zum Andenken an die im College erzogenen Jünglinge, die während des Bürgerkrieges für das Vaterland gefallen waren, neben dem Hauptgebäude errichtet, und von der Firma W. Struthers und Sohn angefertigt. Besucher müssen sich mit Einlaßkarten versehen, die sie gratis in der Office des Ledger, der Mayors Office oder No. 19 Süd Fünfte Straße erhalten können.

Unter andern hat Philadelphia auch eine Anzahl öffentlicher Bibliotheken aufzuweisen, deren Benutzung unter verhältnißmäßig billigen Bedingungen einem Jeden zugänglich sind. Unter denselben zeichnet sich namentlich die Mercantile Bibliothek aus, welche ein sehr schönes Gebäude an der Zehnten, zwischen Market und Chestnut Straßen besitzt, und von welchem wir unsern Lesern zwei wohlgetroffene Illustrationen vorlegen, von denen die eine die äußere Gebäulichkeit, die andere hingegen die innere Einrichtung zeigt. Die einzige Bibliothek, welche gänzlich kostenfrei benutzt werden kann, ist die Lehrlings-Bibliothek an der Südwestecke der Arch und Fünften Straße.

An der Achtzehnten Straße, dem Logen Square gegenüber, erhebt sich ein prachtvoller Bau, der unwillkührlich unsere Aufmerksamkeit auf sich zieht. Es ist die Cathedrale von St. Peter und St. Paul; das Mecca der römisch-katholischen Bevölkerung Philadelphias. Der Grundstein zu derselben wurde im Jahre 1846 durch den Hochwürdigen J. P. Kendrick, nachmaligem Erzbischof unter großen Ceremonien gelegt, und im Jahre 1864 wurde sie feierlichst eingeweiht. Sie ist aus Braunstein, und im römisch-korinthischen Style aufgeführt. Sie hat eine Front von einhundertsechsunddreißig Fuß bei einer Länge von zweihundertundsechzig Fuß, indeß ihre Totalhöhe zweihundertundzehn Fuß beträgt. Im Innern hat sich die

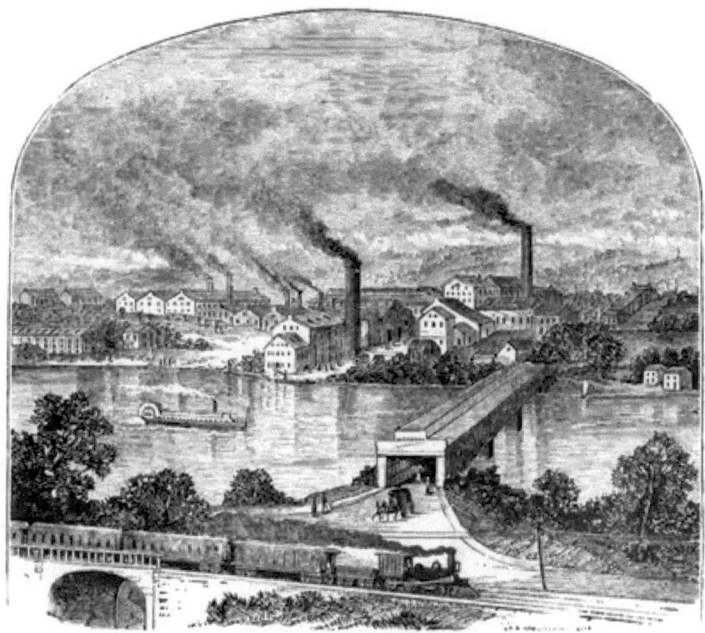

Ansicht von Schuylkil'l Falls.

Gestalt eines Kreuzes, und ihre Ausstattung übertrifft wohl Alles, was Amerika in der Beziehung aufzuweisen hat. Bei den Gottesdiensten fungirt eine Kapelle, und ein Sängerchor, der die besten Kräfte in sich schließt. Zahlreiche Protestanten und Glieder sonstiger Glaubensgenossenschaften besuchen die sämmtlichen Gottesdienste, die in der Cathedrale abgehalten werden, um sich an der herrlichen Musik und dem lieblichen Gesange zu ergötzen.

Der Logan Square ist mit einer großen Anzahl prächtiger Wohnhäuser umgeben, und trägt für diese Gegend einen ähnlichen Charakter wie der Rittenhouse Square im südlichen Stadttheil.

Das Seminar St. Charles Boromeo, nahe der Overbrook Station an der Pennsylvania Eisenbahn, etwa fünf Meilen von der Stadt, ist eine Anstalt zur Vorbereitung derer, die sich dem Priesteramt der römisch-katholischen Kirche in der Diözese Philadelphia widmen wollen. Sein Baustyl ist der italienische.

Ebenso legen wir unsern Lesern eine Illustration der Central Congregational Kirche an der Achtzehnten und Green Straße vor. Sie ist ebenfalls ein prächtiges im neuen romanischen Baustyle aufgeführtes Gebäude. Für den Schutz des rechtlichen Theiles einer Bevölkerung hat man überall und zu allen Zeiten die Nothwendigkeit erkannt den Verbrechern und Gesetzübertretern Schranken entgegen zu setzen, und so hat Philadelphia mehrere Illustrationen dessen, was auch weit über die Grenzen Amerikas hinaus als das berühmte Pennsylvania Gefängnißsystem bekannt ist.

Die östliche Penitentiary, in welche Verbrecher aus den östlichen Distrikten des Staates Pennsylvania geschickt werden, liegt an der Coates Straße (jetzt Fairmount Avenue), nahe der Zweiundzwanzigsten Straße. Schon der bloße Anblick dieses furchtbaren Zwingers ist geeignet, Schrecken und Entsetzen einzuflößen.

Das Separat- (nicht Einzelhaft) System, so modifizirt, daß zwei Gefangene in eine der größeren Zellen untergebracht werden, falls die überfüllten Räume des Gefängnisses es nöthig machen sollten, herrscht hier. Einem jeden Gefangenen wird genügend Arbeit überwiesen, um ihn in der Thätigkeit zu erhalten, und als billigerweise von ihm erwartet werden kann, wobei ihm jede Gelegenheit gegeben wird, durch Ueberarbeit Geld zu verdienen. Es ist ihm erlaubt, mit dem Kaplan, den Gefängniß-Inspectoren und andern Beamten, ja selbst mit einem gelegentlichen Besucher zu reden, jedoch unter keinen Umständen mit einem Nebengefangenen.

Der Vorzug, den man diesem Systeme beimißt, ist, daß den Gefangenen Zeit und Gelegenheit zur Selbstbeschaulichkeit und zur Aneignung richtiger und guter Gewohnheiten gegeben wird. Zudem sind sie durch diese gegenseitige Fernhaltung der Gefahr entrückt, mit etwaigen Gefangenen zusammen zu treffen, die später im Stande sein möchten, einen verderblichen Einfluß auf sie auszuüben.

Die Gebäulichkeiten bedecken einen Flächenraum von etwa 11 Acker. Von einem kleinen Gebäude, das eine Rotunde bildet, laufen sieben lange Gänge, zu beiden Seiten mit Zellen versehen, strahlenförmig aus, so daß der Gefängnißwärter, wenn er sich in der Rotunde befindet, das ganze Gefängniß im bloßen Herumdrehen unter seinen Augen hat.

Das Ganze ist mit einer 30 Fuß hohen Mauer umgeben, welche an den vier Ecken sowie über der Einfahrt von festungsähnlichen Thürmen überragt

William Sellers & Co.'s Maschinen-Werkzeuge Fabrik.

wird. Ueberhaupt trägt die ganze Gebäulichkeit von Außen gesehen, den Charakter einer starken Festung.

Besucher erhalten Erlaubnißscheine in der Office des Public Ledger, und fahren mit den Cars der Green und Coates Straße oder mit der gelben Cars der Union Linie via Neunte und Spring Garden Straße.

Die Penitentiary wird auch wohl Cherry Hill genannt und zwar nach dem Hügel dieses Namens auf welchen sie errichtet wurde. Ebenso nennt man das im südlichen Stadttheil gelegene County Gefängniß „Moyamensing," nach dem Bezirke dieses Namens in welchem es liegt. Letzteres Gefängniß erreicht man mit den Cars der Zehnten und Elften Straße oder mit den grünen Cars der Union Linie.

Das Haus of Refuge (Zufluchtsort) ist eine Besserungsanstalt für jugendliche Verbrecher und Vagabonden beiderlei Geschlechts, und liegt an der Einundzwanzigsten und Poplar Straße. Besucher werden täglich zugelassen außer Sonnabend und Sonntag. Man fährt mit den Cars der Green und Coates Straße, mit der Poplar und Ridge Avenue, oder mit den grünen und rothen Cars der Union Linie, welche sich mit der Poplar Straßen Linie verbindet, so daß man die Cars wechseln muß; jedoch kostet es nur einen Fahrpreis.

Das neue House of Correction, welches erst neuerdings bei Holmesburg im nördlichen Theile der Stadt erbaut wurde, und von welchem wir eine Illustration geben, ist bestimmt zweitausend Zellen zu erhalten. Der Bau desselben wurde von dem rühmlichst anerkannten Baumeister R. J. Dobbins für den Betrag einer Million Dollars ausgeführt. Bedient man sich einer grünen Car der Union Linie, welche die Neunte Straße hinausläuft oder der rothen Car der Zweiten und Dritten Straßen Linie, die Dritte Straße hinauffahrend, so gelangt man nach Richmond, wo sich die ausgedehnten und zahlreichen Kohlenwerfte der Philadelphia und Reading Eisenbahngesellschaft befinden.

Das Deutsche Hospital ist eine vortreffliche mildthätige Anstalt unserer Stadt, welche Kranke ohne Unterschied der Religion, Nationalität oder Hautfarbe aufnimmt. Die Gesellschaft zur Bildung eines deutschen Hospitals wurde durch einen Act der Legislatur vom 2ten April 1860 incorporirt, und schon am nächsten Frühjahr, nämlich am 20ten Mai 1861 wurde das vier Acker große Norris-Grundstück an der 20ten und Norrisstraße für das Hospital erworben. Während der vier Jahre des Krieges wurde es an die Regierung verpachtet, welche es als ein Militär-

Bouvier's und Söhne Industrial-Werke.

Cherry Straße oberhalb der Achten.

Lazareth einrichtete und benutzte. Im Jahre 1866 trat die Hospital-Gesellschaft den Besitz des Grundstückes wieder an, und richtete es wieder für seinen ursprünglichen Zweck ein. Bald reichten jedoch die

Fünfte und Cherry Straße. — Horstmann's Gebäude.

Das Pennsylvania Hospital.

Räumlichkeiten nicht mehr aus, und es wurde das schöne Eigenthum an der Girard und Korinthian Avenue erworben und mit dem großen neuen Anbau am 14ten October 1875 eingeweiht. Das Deutsche Hospital hat gegenwärtig 125 Krankenbetten, wovon nach dem Charter des Vereins mindestens der zehnte Theil, also 13 Betten als Freibetten reservirt bleiben müssen.

Unter anderen deutschen Instituten unserer Stadt ist vor allen die „Deutsche Gesellschaft" zu nennen, welche bereits im Jahre 1764, also 12 Jahre vor der Unabhängigkeits Erklärung der Vereinigten Staaten organisirt wurde, und seitdem in ununterbrochener segensreicher Thätigkeit geblieben ist. Ihr Hauptzweck

Ansicht vom Schuylkill und dem städtischen Armenhause.

ist es sich der deutschen Einwanderer anzunehmen, doch auch solche Deutschen, die schon längere Zeit im Lande sind, und die in Bedrängniß kommen, werden von ihr unterstützt, so weit es ihre Fonds zulassen. Die Unterstützung erfolgt theils durch direkte Geldgaben, Zuweisung von Beschäftigung, Rechtsbeistand in Gerichtsfällen; ärztliche Pflege und unentgeltliche Verabfolgung von Medizin in Krankheitsfällen u. s. w. Außerdem eignet die Deutsche Gesellschaft eine Bibliothek von etwa 15,000 deutschen und englischen Bän-

Das Soldaten-Monument am Girard College.

den, welche Mitgliedern unentgeldlich, und Nicht-Mitgliedern gegen einen geringen jährlichen Beitrag zur Benutzung offen steht. Das große Haus in der Siebenten oberhalb der Chestnut Straße, in welchem die Officen der Gas Werke sich befinden, ist Eigenthum der Gesellschaft, und sie benutzt den oberen Stock des Gebäudes für die Bibliothek und andere Zwecke der Gesellschaft. Auch das werthvolle historische Archiv der Gesellschaft verdient Erwähnung. Die gegenwärtige Zahl der Mitglieder der Deutschen Gesellschaft beläuft sich auf etwa 1000 und ihr Vermögen wird auf etwa $100,000 geschätzt.

Das Girard College.

Das Deutsche Theater befindet sich in der Callowhill Straße unterhalb der Fünften Straße. Es besteht seit dem Herbst 1855. Vor mehreren Jahren brannte es nieder, wurde aber neu errichtet.

Das Deutsche Hospital.

Die deutsche Turnerhalle, Eigenthum des Turnvereins, ist in der Dritten Straße oberhalb der Willow Straße gelegen, und erstreckt sich mit einem Seitenflügel bis zur Noble Straße. In diesem Gebäude

Die Mercantile Library (Bibliothek).

befindet sich eine deutsche Sommerbühne, und eine deutsche Winterbühne, die vom deutschen Publikum sehr kräftig patronisirt werden.

Innere Ansicht der Mercantile Library.

Weiter oben in der Dritten Straße, nämlich unterhalb der Green Straße, befindet sich die Schützenhalle, das prächtige Vereinslokal des Schützenvereins unserer Stadt, welcher etwa 2000 Mitglieder hat.

Philadelphia und seine Umgebung. 101

Außer der Schützenhalle eignet der Verein auch noch den an der Indian Queens Lane, nahe Schuylkill Falls gelegenen Schützenpark, welcher über 20 Acker groß, und als Pic-Nic Platz auf's Vorzüglichste eingerichtet ist. Die Schießstände nehmen bei der großen Ausdehnung des Parks einen nur verhältnißmäßig geringen Raum desselben in Anspruch.

Noch weiter hinauf in der Dritten Straße, an der Südwest Ecke der Brown Straße, befindet sich die großartige Rothmänner-Halle; das Ordensgebäude des Großstammes des „Unabhängigen (Deutschen) Ordens der Rothmänner" von Pennsylvanien, welcher allein in der Stadt Philadelphia nahe 5000 Mitglieder zählt, und sich über das ganze Gebiet der Vereinigten Staaten erstreckt. Dieser geheime Orden hat den Zweck seine Brüder in Krankheitsfällen zu unterstützen und, wenn sie sterben, für ihre Beerdigung Sorge zu tragen. Denselben Zweck verfolgen die geheimen deutschen Orden: „Hermannssöhne," „Harugari," „Sieben Weisen Männer," „Druiden;" „Schwarze Ritter," „Tempelritter" u. s. w. Die nach demselben Prinzip constituirten Orden der „Sonderbaren Brüder" und der „Pythias-Ritter" haben eine große Anzahl Logen, welche in deutscher Sprache arbeiten. — Erwähnt mag noch werden, daß in der Rothmänner-Halle sich einer der größten Ballsäle der Stadt befindet.

Von anderen deutschen Vereinslokalen sei nur noch das des „Männerchors," des ältesten deutschen Gesangvereins in den Vereinigten Staaten erwähnt. Dasselbe befindet sich an der Nordost Ecke der Franklin

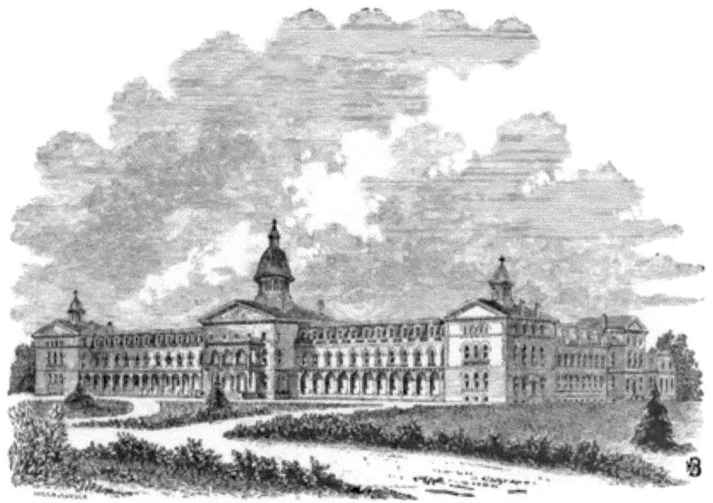

Das Seminar von St. Charles Boromeo.

Straße und Fairmount Avenue, und besteht aus einem großen und sehr hübsch eingerichteten Clubhause und Theater, und einem großen Garten, in welchem während des Sommers an jedem Abend Concerte stattfinden, die sehr beliebt sind.

Die Germantown Eisenbahn bringt den Besucher innerhalb weniger Minuten nach zweien der reizendsten Vorstädte Philadelphias, nämlich nach Germantown und Chestnut Hill, welche beide prachtvolle Landsitze aufzuweisen haben. Historische Erinnerungen machen sie doppelt interessant. Wir bedauern, daß die Grenzen unseres Werkchens es uns nicht erlauben selbst der hauptsächlichsten zu gedenken, geben aber den Besucher den Rath einen Ausflug dorthin zu machen. Er wird das nicht bereuen.

Als ein Muster des Baustyls, der in gedachten Vorstädten vorwiegend herrscht, fügen wir eine Illustration des Wohnhauses von Thomas Mekeller zu Germantown bei. Die „Old York Road," die ebenfalls durch den nördlichen Stadttheil führt, passirt durch prächtige und üppige Landschaften, mit netten Landsitzen hier und dort. Einen der schönsten derselben zeigt unsere Illustration, und ist der des bereits erwähnten N. J. Dobbins.

Allstündlich fährt eine Car der Zweiten und Dritten Straßen Linie von der Station zu Richmond nach dem Vorstädtchen Bridesburg, welchen Weg man in 40 Minuten zurücklegt, und der durch eine äußerst liebliche und anmuthige Landschaft führt, die schöne Wohnungen und kleine Farmen (Bauernhöfe) aufzuweisen hat.

Die Car hält nur eine Strecke von dem der Bundesregierung gehörenden Arsenal, welches Besuchern offen steht. Am besten ist es man wählt hierzu einen Vormittag, indem die Werkstätten schon um 4 Uhr Nachmittags geschlossen werden, und bei einem Nachmittagsbesuche die vielen Sehenswürdigkeiten kaum alle in Augenschein genommen werden könnten.

Der Besucher überschreitet eine kleine Brücke über den Frankford Bach (die Scheidelinie zwischen Bridesburg und Frankford) geht auf einem gut gepflasterten Seitenwege der Mauer des Arsenals entlang, bis

Die Cathedrale von St. Peter und St. Paul.

beim Thore anlangend, ein höflicher Beamter, der den Dienst hier versieht, ihn nach dem betreffenden Büreau hinweist, wo er einen Erlaubnißschein die Werke zu besuchen, erhält.

Freie grüne Plätze umgeben die Gebäulichkeiten, und in den ausgelegten Wegen kann sich der Besucher nach Belieben ergehen.

Der Grund hat eine Ausdehnung von ca. zweiundsechzig Acker, ist geschmackvoll angelegt, herrlich gelegen, und wird stets in schönster Ordnung gehalten.

Einige messingene Feldgeschütze, und mehrere lange Reihen von pyramidal aufgehäuften Kanonenkugeln, den Steineinfriedigungen einer Neu-England Farm nicht unähnlich, ziehen unsere Aufmerksamkeit auf

Das Monamenfing Gefängniß.

sich, während eine vereinzelte Schildwache schweigend am Posten auf- und abgeht, und das Sternen- und Streifen-Banner hoch oben am Flaggenmast lustig im Winde flattert.

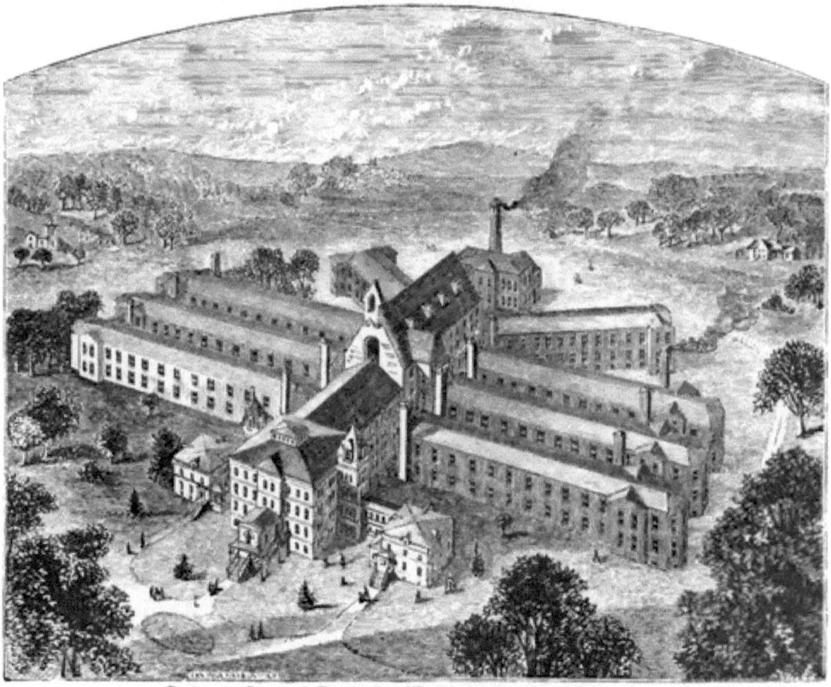

Das neue House of Correction (Besserungshaus) bei Holmesburg.

Die Central Congregational Kirche.

In den Werkstätten wird nichts als Munition angefertigt, und alle Patronen, die von der Vereinigten Staaten Armee gebraucht werden, gehen aus derselben hervor. Es ist begreiflich, daß zur Zeit des Bürgerkrieges sich hier eine außerordentliche Thätigkeit entwickelte; denn während jener verhängnißvollen Zeit waren diese Werkstätten bei Tag und Nacht, Sonntag wie Werktag im vollen Gange. Täglich steigerten sich die Anforderungen, bis Lee's Uebergabe einen inzwischen halbwegs beendeten Anbau, in welchem täglich eine Million Patronen angefertigt werden sollten, unbeendet ließ. Doch ist es seither fertig gebaut worden, und wartet auf die nächste Bestellung.

Die Fabrikation von Patronen ist eine sehr interessante Prozedur, und der Mühe werth gesehen zu werden. Keinen Besucher werden die fünf Meilen, die er gemacht hat, um das Arsenal zu besichtigen, gereuen.

Ein Wohnhaus zu Germantown.

Sehenswerthe Oertlichkeiten.

Akademie der schönen Künste. — Broad und Cherry.
Akademie der Naturwissenschaften. — Broad unterhalb Chestnut. Offen Dienstag und Freitag Nachmittag. — Eintritt 10 Cents.
Amerikanische Philosophische Gesellschaft. — Fünfte unterhalb Chestnut.
Apprentice's (Lehrlings) Library. — Südwestecke Fünfte und Arch.
Athenaeum und historische Gesellschaft von Pennsylvanien. — Sechste und Adelphi unterhalb der Walnut Straße.
Blinden-Asyl. — Zwanzigste und Race. Eintritt zu den Mittwoch Nachmittag Concerten 15 Cents.
Blockley Almshouse (städtisches Armenhaus) West Philadelphia. — Man nehme die Walnut Straßen Car bis zur Vierunddreißigsten. Einlaßkarten sind No. 42 Nord Siebente Straße zu lösen.
Carpenters Hall. — Chestnut unterhalb der Walnut.
Christus Kirche. — Zweite oberhalb Market.
Commercial Exchange (Handelsbörse). — Zweite unterhalb der Chestnut.
County Gefängniß (Moyamensing). — Elfte und Passyunk Road. Einlaßkarten sind in der Ledger Office zu haben.
Custom House (Zollamt). — Chestnut oberhalb der Vierten.
Demokrat Gebäude. — Chestnut zwischen 6. und 7. Straße.
Eastern (östliche) Penitentiary. — Fairmount Avenue oberhalb der Zweiundzwanzigsten. Einlaßkarten in der Ledger Office. Man nehme Cars der Fairmount Avenue oder Fairmount Cars der Union Linie.
Episcopal Hospital. — No. 2649 Nord Front Straße.
Frankford Arsenal. — Frankford. Man nehme die Richmond Car.
Franklin Institut. — Siebente, oberhalb Chestnut.
Franklin's Grab. — Südostecke der Fünften und Arch.
Girard College. — Ridge Avenue oberhalb der Neunzehnten Straße. Einlaßkarten in der Ledger Office. Man nehme eine Car der Ridge Avenue oder der Neunzehnten Straße.
House of Correction (Correctionshaus). — Holmesburg.
House of Refuge (Besserungsanstalt für Kinder). — Zweiundzwanzigste nahe Poplar. Einlaß jeden Nachmittag außer Sonnabend und Sonntag. Einlaßkarten in der Ledger Office. Man nehme Fairmount Cars der Union Linie.
Hutchheimer's Neues Haus. — Südwestecke der Siebenten und Market.
Independence (Unabhängigkeits) Hall. — Chestnut zwischen der 5. und 6. Straße. Karten zum Besteigen des Thurmes beim Superintendenten der Halle.
Taubstummenanstalt. — Broad und Pine. Vorstellungen Donnerstag Nachmittags. Einlaßkarten in der Ledger Office.

Laurel Hill Cemetery (Begräbnißplatz.) — Ridge Avenue per Ridge Avenue Cars.
League Island. — Am Fuße der Broad Straße.
Ledger Gebäude. — Sechste und Chestnut Straße.
London Kaffeehaus. — Südwestecke der Front und Market Straße.
Freimaurertempel (alter). — 710 Chestnut Straße.
Freimaurertempel (neuer). — Broad unterhalb Arch.
Mayors Office. — Fünfte und Chestnut.
Mercantile Library (Leihbibliothek). — Zehnte oberhalb Chestnut.
Merchants Exchange (Börse). — Dritte und Walnut Straße.
Monument Cemetery (Begräbnißplatz). — Broad Straße gegenüber Berks.
Mount Vernon Cemetery. — Laurel Hill beinahe gegenüber.
Nördliche Heimath für verlassene Kinder. — Dreiundzwanzigste und Brown. Man nehme eine Car der Union Linie via Neunte Straße, Fairmount Zweig.
Alte Schwedenkirche. — Swanson Straße unterhalb Christian. Man nehme die Zweite Straßen Car. Die Navy Yard ist in der Nähe.
Penn Vertrag Monument. — Beach Straße oberhalb der Hanover. Man nehme die Dritte Straßen Car, markirt: "Richmond," dieselbe passirt zugleich die Kohlenwerfte der Reading Eisenbahngesellschaft zu Richmond.
Penn's Villa. — Lätitia Straße zwischen Front und Zweite Straße nahe Market.
Pennsylvania Hospital. — Achte und Spruce.
Pennsylvania Irrenanstalt. — Haverford Road, West Philadelphia. Einlaßkarten sind zu haben in der Ledger Office. Man nehme die Market Straßen Car.
Philadelphia Dispensary (Klinik), das älteste derartige Institut Philadelphias, gegründet in 1786. — No. 127 Süd Fünfte Straße.
Philadelphia und Loganean Bibliothek. — Fünfte unterhalb Chestnut.
Post (alte). — Chestnut unterhalb der Fünften.
" (neue). — Neunte und Chestnut.
Zeichenschule für Frauen und Mädchen. — Nordwest Penn Square.
Union League House. — Broad und Sansom. Besucher können durch Mitglieder eingeführt werden.
Vereinigte Staaten Münze. — Chestnut oberhalb der Dreizehnten. Besucher werden zugelassen täglich von 9 bis 12 Uhr Vormittags, ausgenommen Sonnabends und Sonntags.
Vereinigte Staaten Marine Asyl. — Grays Ferry Road unterhalb Bainbridge. Man nehme die Pine oder South Straßen Car.
Universität von Pennsylvanien. — Sechsunddreißigste und Darby Road.
Woodland Cemetery. — Darby Road, West Philadelphia. Man nehme Darby Road Cars via Walnut Straße.

Einlaß zu alle den hier aufgeführten Instituten, frei; ausgenommen, wo es ausdrücklich angegeben ist.

Vergnügungsplätze.

Academy of Music (Opernhaus. — Broad und Locust.
Arch Straßen Theater. — Arch oberhalb der Sechsten.
Chestnut Straßen Theater. — Chestnut oberhalb der Zwölften.
Concert Halle. — Chestnut oberhalb der Zwölften.
Elfte Straße Opernhaus. — Elfte oberhalb der Chestnut.
Fox's Amerikanisches Theater. Chestnut oberhalb der Zehnten.
Grand Central Theater. — Walnut oberhalb der Achten Straße.
Horticulturhalle. — Broad unterhalb Locust.
Museum. — Neunte und Arch.
Musical Fundhalle. — Locust oberhalb Achte.
Simmon's und Slocum's Opernhaus. — Arch oberhalb Zehnte.
Walnut Straßen Theater. — Walnut und Neunte.
Teutsches Theater. — Concordia-Halle, Callowhill unterhalb der Fünften.
Teutsches Theater der Turner-Halle. — Nos. 444 und 446 Nord Dritte.
Männerchor-Halle und **Garten.** — Fairmount Avenue Ecke der Franklin.

Eisenbahnhöfe.

Camden und Atlantic Eisenbahn. — Vine Straße Landung.
Nord Pennsylvania Eisenbahn. — Berks und American Straße oberhalb der Zweiten.
Pennsylvania Central Eisenbahn. — Einunddreißigste und Marketstr., Kensington, und Market Straße Landung.
Philadelphia und Reading Eisenbahn. — Dreizehnte und Callowhill.
Germantown und Norristown Zweig. — Neunte und Green.
Philadelphia, Wilmington und Baltimore Eisenbahn. — Broad und Washington Avenue.
West Chester und Philadelphia Eisenbahn. — Einunddreißigste und Chestnut.

Teutsch bearbeitet von Herrmann Nachtigall.

Bloomsdale.

Groß, und von einer Mannigfaltigkeit, die fast ohne Gleichen ist, sind die natürlichen Hülfsquellen und die Industrie Interessen von Pennsylvanien.

Im Mineral-Reichthum kann sich kein Staat mit ihm vergleichen, und seine Arbeiter, welche aus dem Erze die schwersten und die feinsten Fabrikate machen, werden weder in der Union noch außerhalb derselben übertroffen.

Die Geschicklichkeit der Pennsylvanischen Handwerker in jedem Industrie-Zweige, hat einen über die ganze Welt verbreiteten Ruf; seine Lokomotiven findet man auf jeder Eisenbahn in Europa, und seine eisernen Schiffe, die jetzt auf dem Meere schwimmen oder im Bau begriffen sind (die Schiffswerfte am Delaware sind bereits Rivalen von denen am Clyde) sind bestimmt, den Ruf Pennsylvaniens so weit zu verbreiten, als der Handel Amerika's sich erstreckt. Im Hinblick auf eine so wohl verdiente Reputation und mit solcher Eminenz in Gewerben und Industrie, ist es gewiß sehr am Platze auch seinen A c k e r b a u zu besprechen, auf welchen Handel, Manufakturen und Industrie jeder Art sich stützen. Es ist erfreulich zu wissen, daß sein fruchtbarer Boden, seine intelligenten Landwirthe, seine Erndten und seine Herden ebenfalls das höchste Lob verdienen. Wir haben freilich weder in unserem Staate jene unabsehbaren Prairien, wie man sie im fernen Westen findet, noch eine so unerschöpfliche Fruchtbarkeit des Bodens, die nicht nur für jene Staaten, sondern auch für uns eine Quelle der Prosperität ist — aber in unseren Kohlen- und Eisenbergwerken, in anderen Mineralien und in dem unendlichen Ausfließen von Oel, hat uns die Natur ebenfalls auf's Gütigste bedacht. Das Gold von Californien, die Baumwolle des Südens, der Zucker von Louisiana und von Texas, die Seide und andere Faserstoffe der Welt; die Gewürze und der Kaffee der tropischen Länder, die höchste Kunstfertigkeit Europas; seine besten Leistungen in Kunst und Kunstgewerben; sie alle stehen zu unserer Verfügung; wir brauchen nur die Hände auszustrecken, um zu greifen, was in Fülle uns vorgesetzt ist. Was uns an Fruchtbarkeit des Bodens versagt ist, haben wir erreicht durch einen rationellen Fruchtwechsel, durch die Anwendung von künstlichen Düngmitteln, und anderen Mitteln, die zum erwünschten Ziele führen, bis „Pennsylvania Landwirthschaft" nur noch ein anderer Namen für rationelle Landwirthschaft geworden ist. Wer das beste Vieh, oder die besten Saaten, Cerealien, oder Gemüse anschaffen will, kommt selbst aus weiter Ferne nach Pennsylvanien und geht nie mit leeren Händen fort.

Am Delaware, einige wenige Meilen oberhalb Philadelphia und angrenzend an die fruchtbare Landstrecke, welche als Penn's Manor bekannt ist, die sehr weise und mit Umsicht von dem Governor, welcher das Eigenthumsrecht auf den Staat hatte, reservirt wurde, befindet sich Bloomsdale, welches wir als eine Illustration der landwirthschaftlichen Industrie Pennsylvaniens ausgewählt haben. Diese Besitzung — wir nehmen keinen Anstand es zu behaupten, hat durch seine Produkte und durch sein eminentes Beispiel ganz besonders zum öffentlichen Besten beigetragen. Bloomsdale kann als ein Muster intelligenter Industrie, systematischer Cultur und landwirthschaftlichen Fortschritts gelten. Es um faßt innerhalb seinen

Grenzen, ganz abgesehen von den dazu gehörigen, aber außerhalb liegenden Grundstücken, fünf Hundert Acker Land, welche ausschließlich dem Anbau und der Produktion von Sämereien gewidmet sind, die in jedem Dorfe, auf jeder Farm und in jedem ländlichen Haushalt als „Landreth's" bekannt sind—ebenso bekannt an den Ufern des Missouri und Mississippi, wie an denen des Ganges—denn es muß zur Ehre der Firma gesagt werd n, daß bereits seit drei Generationen Landreth's Sämereien jährlich nach Indien verschifft, und von den dort wohnenden Engländern den Sämereien ihres Geburtslandes vorgezogen werden, weil sie in unserem Klima besser reifen, als in der feuchten Athmosphäre Englands.

Es ist das bescheidene Motto der Eigenthümer von Bloomsdale, daß „Landreth's Sämereien sich selbst loben." Sie müssen das nicht mit schwacher Stimme gethan haben, denn ni t nur ist das große Land-Areal bis zur äußersten Capacität der Samen-Cultur gewidmet, sondern noch fast tausend Acker, die von Bloomsdale entfernt liegen, sind demselben Zwecke gewidmet, nicht etwa so, daß die Bebauer derselben die Samen-Cultur in Contrakt übernehmen, ohne Controle der Samenhandlungs-Firma, sondern im Gegentheil unter derer direkten, aktiven und persönlichen Aufsicht. Daraus kann man sich eine Vorstellung machen von der Geistesthätigkeit und Energie, die zur Leitung so ausgedehnter Operationen erforderlich ist; aber „System und Ordnung triumphiren immer", und in diesem Falle bewahrheitet sich das Sprüchwort in glänzender Weise. Mit zunehmender Ausdehnung der Ländereien kam auch die vergrößerte Reputation, und Pennsylvanien mag jetzt die Ehre beanspruchen — eine nicht geringe, wie wir denken — innerhalb seiner Grenzen d s größte Samengeschäft nicht nur in der Union, sondern in der Welt zu besitzen, denn Reisende versichern, daß Europa nichts Aehnliches aufzuweisen hat. Das ist keine müßige Großthuerei, die im Interesse eines Privatunternehmens, oder um der Eitelkeit des Staates zu schmeicheln, gemacht wird.

Abgesehen von den vielen Arbeitern, welche auf dem Besitzthum beschäftigt sind, von denen Viele ihr ganzes Leben Attachés des Etablissements gewesen sind, wohnend in Cottages, und dort ebenso heimisch sich fühlend, als wenn sie die Eigenthümer wären — eine Einrichtung, welche wohl der Nachahmung werth ist — befinden sich dort drei Dampfmaschinen zum Dreschen, Sichten und Reinigen der Sämereien u. s. w., eine „Calorische" Maschine zum Pumpen und ein gehörig adjustirter Dampfapparat, um das Futter für das zum Betriebe erforderliche Vieh zu bereiten. Doch noch mehr der Erwähnung werth mag es sein, daß seit mehreren Jahren von den H. H. Landreth in Bloomsdale energische Versuche mit dem Dampf Pflug gemacht werden. Sie gebrauchen die "direct-traction engine" von Williamson mit Thomson's "India Rubber tire". Zuerst, und zwar Monate lang, hegte man große Hoffnungen auf Erfolg, aber unvorhergesehene Schwierigkeiten in der „direct traction" stellten sich ein. Gegenwärtig beabsichtigt man das „Tan-System" zu a optiren, welches in England mit Erfolg eingeschlagen ist, und die Williamson Dampfmaschine als treibende Kraft zu benutzen. Es ist nur gerecht, ihre Bestrebungen in dieser Richtung in einem Werke zu verewigen, welches ein Bild von dem gegenwärtigen Zustand unseres Staates entwirft. Wie jetzt von den ersten Bestrebungen die Dampfschifffahrt auf Flüssen und auf dem Meere einzuführen mit Interesse erzählt wird, und von dem Fortschritt in dieser Richtung, so wird ma auch in späteren Zeiten von den ersten Versuchen, die Dampfkraft für das Pflügen zu benutzen, lesen, und unserem Staate wird dann ebenso viel Lob zu Theil werden, wie den Bestrebungen von Fitch um die Dampfschifffahrt.

Der beschränkte Raum verhindert uns viele Details des Betriebes in Bloomsdale mitzutheilen, die wir sonst gerne bringen würden; die beigefügte Skizze mag indessen eine ungefähre Idee geben von der Ausdehnung der Gebäulichkeiten, welche für die Aufbewahrung, das Trocknen, und das Präserviren der Sämereien, und für die anderweitige erfolgreiche Betreibung des Geschäftes erforderlich sind. Dasselbe gereicht den Eigenthümern, den Nachfolgern derer, die es im 1784 gründeten, zur Ehre, und es nimmt unter den vielen industriellen Unternehmen Pennsylvaniens einen Platz in erster Reihe ein.

Etablirt 1821.

Thomas F. Tasker, jr.   Stephen P. M. Tasker.

Morris Tasker & Co.,

Pascal-Eisenwerke,
Philadelphia.

Tasker Eisenwerke,
New Castle, Del.

Offices: Fünfte und Tasker Straße, Philadelphia.
15 Gold Str., New York.
36 Oliver Str., Boston.

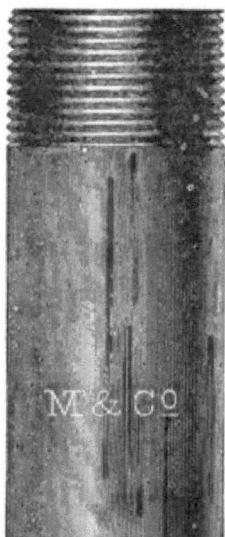

Kessel-Rohr.

Fabrikanten von
Röhren von gewalztem Eisen zu=
sammengeschweißt.

Einfach, Galvanisirt und mit
Gutta-Percha überzogen.

Für Gas, Dampf und Wasser.

Uebergreifend zusammengeschweißte
Holzkohleisen Dampfkessel
Röhren.

Röhren und Einfassung von Oelbrunnen.
Zubehör zu Gas- und Dampfeinrichtung,
Messing-Ventile und Krahnen, Werkzeuge
für Gas und „Steam-Fitter," Gas- und
Wasserröhren von Gußeisen; Pfosten und
Laternen für Straßenlampen; verbesserte
Kohlengas-Apparate, verbesserte Zucker
Maschinerie u. s. w.

Wir wünschen specielle Aufmerksamkeit auf unsere
patentirten mit ванізіrtем „Rubber,"
überzogenen Röhren zu lenken.

Rohr.

Um gegen solche Darstellungen zu sichern, und den Käufern von Röhren und Dampfkessel-Röhren
Garantie zu geben, daß sie den rechten Artikel erhalten, stempeln wir jedes Rohr unser Fabrik mit der
registrirten „Trade-Marke" in der oben dargestellten Weise. Wir wünschen besondere Aufmerksamkeit
auf unser Gewicht zu lenken, da wir noch immer an der Dicke festhalten, die vor zwanzig Jahren von uns
adoptirt wurde.

W. J. Wilcox & Co.,

Schmalz-Raffinerie,

Washington, Greenwich & Vestry Str.

Verkaufs-Office: No. 59 Beaverstraße,

New York.

Das beste Schmalz der Welt.

Stets gleichmäßig, hart, weiß und süß.

Verpackt in irgend einem Styl, der gewünscht wird.

Offerirt den größten und best ausgewählten Vorrath von

Gemüse- und Blumen-Samen,

welcher in Amerika zu finden ist; er umfaßt alle einheimischen, sowie neue und seltene ausländische Varietäten.

Die Garten- und Blumenliebhaber finden alle Novitäten so bald sie erscheinen, und es werden dieselben aus den zuverlässigsten Quellen bezogen und zu raisonablen Preisen offerirt. Die Markt-Gärtner finden ebenfalls jede Varietät, die sie brauchen, zu billigen Preisen.

Das Grünhaus und Ornamental Departement

enthält die größte und beste Auswahl von Pflanzen in diesem Lande, und nimmt über sechzigtausend Quadratfuß Glas ein, für Gewächshäuser, Grünhäuser und Mistbeete.

Blumen-Zwiebeln.

Wir importiren jährlich eine große Sammlung der schönsten, verbreiteten und einfachen Hyacinthen, Tulpen, Narzissen, Crocus, Jenquillas und anderer Blumenzwiebeln, die im Herbst gepflanzt werden müssen. Ein vollhaltiger beschreibender Catalog derselben wird am 1sten August publizirt.

Dreer's Garten-Calender wird jährlich am ersten December publizirt, und enthält ausgewählte Listen von Gemüse- und Blumen-Samen, Pflanzen, Rosen, Verbenas, Dahlien, Nartnetlien, Geraniums u. s. w., mit kurzen und praktischen Anweisungen für ihre Cultur. Wird an Alle per Post gesendet, welche eine Postmarke beilegen. Man adressire

Henry Dreer, Philadelphia, Pa.

Haseltine's Kunst-Gallerie,

No. 1115 & 1127 Chestnut Straße,
Philadelphia.

Die größte und schönste Privat-Kunstgallerie im Lande; sie enthält stets zur Ansicht, frei, und zum Verkauf, die beste und größte Sammlung von einheimischen und ausländischen Kunstwerken.

Mr. Haseltine importiert direkt Original-Gemälde der besten fremden Maler, und das in größerem Maßstabe, als irgend ein anderer Kunsthändler, und er ist der Einzige Agent für die Vereinigten Staaten von Adolph Brauns Reproduktionen der Meisterwerke der Kunst in Kohle.

Whitman's Feiner Confect.

Stephan F. Whitman & Sohn,
S. W. Ecke der Zwölften und Market Straße,
Philadelphia.

Fabrikanten der Feinsten Confecte, Feiner Chocolade und Cacao.

S. W. Ecke der Zwölften und Marketstr., Philadelphia.

CONTINENTAL HOTEL.

Ecke der Neunten und Chestnut Straße,
Philadelphia.

J. E. Kingsley & Co., Eigenthümer.

Dieses Hotel ist das am bequemsten eingerichtete und bestgelegene der Stadt.

612 u. 614 Cheſtnut Straße.

Die Besten und Billigsten Kleidungsstücke für Männer und Knaben

Das Geschäft der "Oak Hall" wird nach dem folgenden, gerecht und billigem System betrieben:

Fester Preis, Baar-Bezahlung, Volle Garantie, Geld Wiedergegeben.

WANAMAKER & BROWN,

Kleiderlieferanten für das ganze Volk von Amerika.

S. O. Ecke von Sechster und Market Straße, Philadelphia.

BURNETT'S COCOAINE

Für die Förderung des Wuchses und die Erhaltung der Schönheit Des Menschlichen Haares.

besitzt die eigenthümlichen Eigenschaften, welche so genau den verschiedenen Bedingungen des menschlichen Haares angepaßt sind.

Kein anderes Präparat.
Es macht das Haar weich, wenn es hart und trocken ist.
Es lindert die Irritation der Kopfhaut.
Es gibt den prachtvollsten Glanz.
Es hat die nachhaltigste Wirkung.
Es verhindert das Ausfallen des Haares.
Es befördert einen gesunden und kräftigen Haarwuchs.
Es ist nicht fettig oder kleberig.
Es läßt keinen unangenehmen Geruch zurück.

Kopfgrind.
Boston, 30. October.
Ich habe weniger als eine Flasche Ihres Cocoaine verbraucht. Der Kopfgrind und das Jucken, welches er verursachte, sind ganz und gar geschwunden, und mein Haar war nie in einem so guten Zustande wie jetzt.
A. A. Fuller.

Kahlköpfigkeit.
Boston, 20. November.
Nachdem ich weniger als eine Flasche Ihres Cocoaine gebraucht habe, ist meine ganz kahle Platte mit neuem, drei Zoll langem Haar bedeckt, welches stark und gesund erscheint, und determinirt zu wachsen.
D. T. Merwin.

Verlust des Haares.
Boston, 19. Juli.
Die erste Application linderte das Jucken und die Weichheit in drei bis vier Tagen verschwand die Röthe und die Weichheit, das Ausfallen des Haares hörte auf und ich habe jetzt einen dichten neuen Haarwuchs.
Susan F. Pope.

Reizbarkeit der Kopfhaut.
Waterville, Me., 15. September.
Zu meiner Ueberraschung hat das Cocoaine die Reizbarkeit an welcher ich so lange gelitten hatte, ganz beseitigt. Ich habe es verschiedenen meiner Freunde empfohlen, die mit ähnlichen Leiden behaftet waren und es hat die Krankheit mit der Wurzel herausgerissen.
Joseph Hill, jr.

Haar-Toiletten-Mittel.
New York, 2. September.
J. Burnett, Esq.
Werther Herr.—Seit einiger Zeit habe ich Ihr Cocoaine gebraucht und denke, daß es bei Weite Allem vorzuziehen ist, was ich je für das Haar gebraucht habe.
Wenn Sie denken, daß dieses Endossement von Werth ist, so steht es Ihnen frei es zu benutzen.
Achtungsvoll Ihr
Frank Leslie.

Burnett's Cocoaine ist das Beste und Billigste Haar-Toiletten-Mittel in der Welt. Es befördert den Wuchs des Haares und enthält keine irritirenden Bestandtheile. Der Name und der Titel desselben sind als "Trade-Mark" angenommen, um das Publikum und die Eigenthümer gegen Betrug durch Einführung heischter Artikel zu schützen. Alle Personen, welche unautorisirt diese "Trade-Mark" benutzen, werden ohne Säumen gerichtlich verfolgt werden.

Joseph Burnett & Co.,

Fabrikanten und Eigenthümer . . . . No. 27. Central Straße, Boston.

Ueberall zum Verkauf bei Druggisten.

PHILADELPHIA, WILMINGTON & BALTIMORE

Eisenbahn.

Die einzige Bahn, auf welcher Besucher
— der —

CENTENNIAL-AUSSTELLUNG

— nach —

Washington, D. C.

gelangen können.

Besucher vom Westen und Süden, welche diese Route wählen, können in Washington anhalten, ohne additionelle Kosten.

Die Bahn hat ein doppeltes Geleise, Stahlschienen, und das beste Betriebs-Inventarium. Die Züge sind equipirt mit dem Miller= "Koppler", Buffer und Platform; der Westinghouse "Air Brake" und "Vacuum Brake", und allen modernen Vorrichtungen, um Sicherheit, Schnelligkeit und Comfort zu sichern.

Besucher vom Auslande

werden selbstverständlich nicht heimkehren ohne der

National-Hauptstadt

einen Besuch abgestattet, und einen Ausflug auf dieser "Erste Klasse" amerikanischen Eisenbahn gemacht zu haben.

Diese Bahn, mit ihrer Delaware-Abtheilung, führt zu allen Orten der aus Theilen von Maryland und Delaware gebildeten Halbinsel, dem großen Lande der Pfirsiche und kleinen Früchte.

Tickets nach Baltimore, Washington und den Haupt-Plätzen im Süden und Westen, wird man in

Cook's Touristen Office,

auf dem Centennial-Platze, nebst allen nöthigen Informationen erhalten.

H. F. Kenney,
Superintendent.

Geo. A. Dadmun,
General-Ticket-Agent.

Garten=Farm=Land

— der —

Peninsula

— von —

Delaware und Maryland

an der Linie der

Delaware=Abtheilung

— der —

Philadelphia, Wilmington & Baltimore Eisenbahn.

Das milde und angenehme Klima bietet dem Bebauer des Bodens Vortheile in dem Charakter seiner Winter und Sommer.

Leichte Bestellung des Bodens. Das Land ist lehmig und mürbe, steinfrei, von großer natürlicher Fruchtbarkeit und Verbesserungen bringen reichen Ertrag.

Frühe Jahreszeiten. Der Unterschied in den Jahreszeiten zwischen dem unteren Theil der Peninsula und New York, ist voll ein Monat, und gegen Vineland und den südlichen Theil von New Jersey mindestens zehn bis vierzehn Tage. Norfolk in Virginien ist schon zu weit südlich gelegen, um die Früchte den Consumenten noch im gehörigen Zustande zu liefern. Frucht= und Gemüse=Farmer werden sofort einsehen, daß dieser Vortheil und die Abwesenheit von Concurrenz einen großen Geldwerth hat.

Nähe zum Markt. Die Eisenbahnen der Peninsula bringen die Produkte in wenigen Stunden nach den besten Märkten auf dem Continent. Frucht, die am Mittag gepflückt ist, kann schon am nächsten Morgen in Philadelphia oder New York verkauft werden, und sie wird in speziell für diesen Zweck gebauten Cars, die gut ventilirt sind, und glatt laufen, befördert.

Billigkeit des Landes. Dieses Land kann gegenwärtig für zehn Dollars und aufwärts gekauft werden, je nach der Lage und Gebäulichkeiten, und das—man behalte es im Gedächtniß—an der Schwelle der großen, wohlhabenden und wachsenden Städte der Küste des Atlantic.

Warum sollten fremde, östliche und nördliche Farmer nach dem fernen Westen gehen, wenn ein solcher Landstrich, nur vier bis acht Stunden von Philadelphia und New York entfernt, vor ihnen liegt.

Jede weitere Information, welche Personen, die sich in dieser Gegend niederzulassen beabsichtigen, zu haben wünschen, wird bereitwilligst ertheilt auf Applikation von dem

General Agenten,
Delaware Division,
P., W. & B. R. R.
Wilmington, Del.

Regenschirme.

Vorzüglicher als alle anderen.

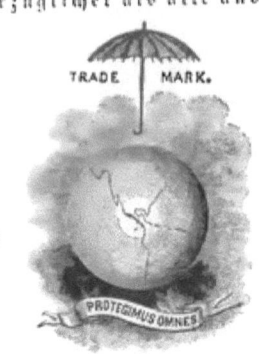

Seide, Alpaca, Zanella.
Regina, Gingham, Baumwolle.

Fabrizirt und zum Verkauf bei

William A. Drown & Co.

246 Market Straße,   498 u. 500 Broadway,
Philadelphia.   New York.

Unser Name befindet sich auf solchen Qualitäten, die wir mit Vertrauen empfehlen können. Fragt danach bei den Retailverkäufern.

Sonnenschirme.

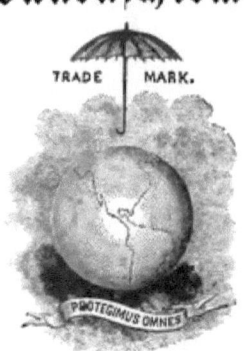

Sonnenschirme aus unserer Fabrik sind stets die leitende Mode der Saison.

William A. Drown & Co.

246 Market Straße,   498 u. 500 Broadway,
Philadelphia.   New York.

CHARLES MAGARGE & CO.

Wholesalehändler in

Papier und Materialien für Papierfabrikanten.

Waarenhaus:

No. 30, 32 & 34 Süd Sechste Straße,
PHILADELPHIA, Pa.

Die Unterzeichneten offeriren Wiederverkäufern:

Karten= "Plate=" und Druckpapier; Papier für Contobücher (umfassend die besten Fabrikate;) "Cap=," "Brief=," "Note=" und Lösch= Papier; Papier für Bonds; "Preß=Boards;" Seiden= papier und Manilla.

Materialien für Papierfabrikanten.—Importirte und Inländische Lumpen, Salze zum Bleichen, Draht-Zeug, Filz und Ultramarin.

Papier wird auf Bestellung in kurzer Zeit in unseren Wissahickon und Hanwell Papiermühlen angefertigt.

Charles Magarge & Co.